Leve seu Gerente ao CINEMA

FILMES QUE ENSINAM

Myrna Silveira Brandão

Leve seu Gerente ao CINEMA

FILMES QUE ENSINAM

QUALITYMARK

Copyright© 2015 by Myrna Silveira Brandão

Todos os direitos desta edição reservados à Qualitymark Editora Ltda.
É proibida a duplicação ou reprodução deste volume, ou parte do
mesmo, sob qualquer meio, sem autorização expressa da Editora.

Direção Editorial	Produção Editorial
SAIDUL RAHMAN MAHOMED editor@qualitymark.com.br	EQUIPE QUALITYMARK
Capa	Editoração Eletrônica
WILSON COTRIM	EDEL

1ª Edição: 2004
1ª Reimpressão: 2005
2ª Edição: 2008
1ª Reimpressão: 2015

CIP-Brasil. Catalogação-na-fonte
Sindicato Nacional dos Editores de Livros, RJ

B817L
2. ed.

Brandão, Myrna Silveira
Leve seu gerente ao cinema : filmes que ensinam / Myrna Silveira Brandão. –
2. ed. – Rio de Janeiro : Qualitymark Editora, 2015.
256 p.

Inclui bibliografia
ISBN 978-85-7303-817-0

1. Administração de pessoal. 2. Recursos humanos. 3. Pessoal – Treinamento. 4. Cinema na educação. I. Título.

08-3045
CDD: 658.3
CDU: 658.3

2015
IMPRESSO NO BRASIL

Qualitymark Editora Ltda.	QualityPhone: 0800-0263311
Rua Teixeira Júnior, 441 – São Cristóvão	www.qualitymark.com.br
20921-405 – Rio de Janeiro – RJ	E-mail: quality@qualitymark.com.br
Tel.: (21) 3295-9800	Fax: (21) 3295-9824

DEDICATÓRIA

*Para Carlos,
Marlene, Marco e Maria*

AGRADECIMENTOS

Alberto Fernando de Araújo
Andréa Lebre
Andrucha Waddington
Ângela Lins
Anna Luiza Muller
Anna Maria Delgado
Antonio Tinoco Neto
Áurea Castilho
Carlos Alberto A. Porto
Carlos Alberto Barbosa
Carlos Alberto Mattos
Carlos Vitor Strougo
Carmem Pereira
Celso Niskier
Cezar Kirszenblatt
Christian Monteiro
Claudia Tinoco
Daniel Schenker
Dulcinea Monteiro
Eduardo Correa
Elizabeth Valeriano
Fábio Santos Ribeiro
Fabiola Palo
Fany Malin Tchaikovsky
Flávia Serretti
Gustavo Adolfo Di Cresci
Heitor Chagas de Oliveira
Hércoles Greco Sobrinho
Isa Oliveira e Silva
Ivânia Morgado
Leyla Maria Félix do Nascimento
Janine Saponara
Jaqueline Arruda
João Francisco Hruza Alqueres
Joaquim Paulo Lauria da Silva
José Carlos de Freitas
José Carlos Leal
José Padilha
José Pinto Monteiro
Joseph E. Champoux
Josias Bernardes

Julio Worcman
Lis Kogan
Luiz Augusto Costa Leite
Magda Hruza
Marcelo Canellas Leite
Marcelo Carpilowsky
Márcia Constantine Wildhagen
Márcia Luz
Marcio Gonçalves
Marcos Antônio Lourenço
Marcos Jardim
Maria Alice Ferruccio
Maria Lucia Moreira
Marina Gomide Leite
Nei Oliveira
Nelson Hoineff
Nelson Pereira dos Santos
Nelson Savioli
Patrícia Baby Albuquerque dos Santos
Patrícia Bomfim
Patrícia Mattos dos S. Machado
Paulo Monteiro
Paulo Teixeira
Paulo Sardinha
Ricardo Cota
Robson Santarém
Rodrigo Borges Campos
Rosa Maria Castro Correa
Rosana Gonçalves De Rosa
Rosirene Caetano
Saidul Rahman Mahomed
Sandra Lucia da Rocha Leal
Sandra Marques
Sandra Mota
Sérgio Behnken
Silvio Roberto Santa Barbara
Simon Khoury
Sonia Couto
Sonia Thereza Nogueira da Silva
Tatiana Milito
Thadeu do Couto
Vitor Cássio
Walmir Silva
Walter Salles
Wilson Cotrim

No Escurinho do Cinema

Quem não se lembra de George C. Scott, como General Patton, agredindo um soldado por achá-lo covarde? E de Kevin Spacey em *A Beleza Americana* pedir um emprego que não lhe exigisse qualquer esforço mental? Ou do menino de *Filhos do Paraíso* que estava competindo pelo terceiro lugar em uma corrida, nada além disso, e chorou de desespero ao vencê-la? Os músicos de Ensaio de Orquestra queriam substituir o maestro por um metrônomo, enquanto as paredes do teatro eram abaladas pelas obras públicas dos tempos modernos. Por falar nisso, foi Chaplin que desnudou a sociedade industrial que chegava triunfante ao século XX. A imagem de Grande Otelo entrando floresta adentro em uma canoa cheia de produtos eletroeletrônicos, em *Macunaíma*, dá um foco de brasilidade às transformações mundiais.

O cinema é a grande metáfora de sucessivas gerações. É ali, no escurinho, que confrontamos nossos valores, reconhecemos contradições, brigamos e nos reconciliamos com a humanidade. Enfim, fazemos a ponte entre imaginário e realidade, reconstruindo ambos a partir de sua percepção.

O teatro tem efeito até superior, por ser ao vivo e, sem dúvida, o de maior conteúdo intelectual, mas não tem o alcance popular e a magia do cinema. Mais recentemente, outras metáforas foram adicionadas aos programas de desenvolvimento nas organizações, como os jogos, os treinamentos ao ar livre, o fabulário, dramatizações diversas, a própria encenação de peças temáticas e assim por diante. Todos procuram sair da sala de aula, proporcionando uma visão mais completa dos fenômenos que nos cercam na vida do trabalho. No campo do incentivo à reflexão pessoal, no entanto, o cinema é imbatível, mais ou menos como um livro, só que com som, imagem, movimento e emoção viva. Um ciclo inteiro tem que ser mostrado em duas horas e não são poucas as obras primas conseguidas com tal limitação.

O cinema tem o ritmo da sociedade. Consegue apresentar idéias, discuti-las e provocar julgamentos em um momento da história em que os executivos têm seu tempo extremamente demandado por resultados operacionais. Além disso, as pessoas estão lendo menos e procurando um certo alívio para as agruras da existência por meio de outros meios mais descartáveis.

Há uma questão educacional, mas acima de tudo cultural. Veja, leitor que todos os filmes citados neste livro são de qualidade insuspeita. Não há abacaxis. Não se perde tempo. Podemos até questionar sua tessitura ou a adequação de seus conteúdos, jamais a qualidade. Por trás dos filmes estão nomes como Kurosawa, Fellini, Kubrick, Joaquim Pedro de Andrade, apenas para citar algumas das referências históricas. Conseguem passar o dramático, mas não o melodramático. Suas cenas nos acompanham, como aquelas que citei no início deste prefácio e, talvez, tornam-nos um pouco melhores como pessoa.

Essa dimensão cultural é cada vez mais importante para nossos executivos. As situações com que lidam hoje exigem um discernimento muito além de uma simples operação aritmética. Não é na reprodução de exemplos do passado, ou nas lições da experiência corporativa, que se inspirarão para inovar e superar obstáculos sofisticados. Sair da caixa é o que precisam fazer. Não deve ser coincidência que poucos filmes que retratam a vida corporativa têm qualidade superior. Este é, no fundo, um ambiente enclausurador, com medidas próprias, busca de eficiência, lógica de negócios, poder concentrado. O que nem todos percebem é a necessidade de seus atores terem a competência de reunir as diferentes facetas que compõem o trinômio indivíduo-organização-sociedade, tirando daí as melhores lições.

Para tanto, é preciso aproveitar o acervo de cultura que é colocado à disposição do mundo pelos artistas, estes, sim, com uma visão superior do que acontece com nossas vidas. Não quer dizer que todo executivo precisa ser um intelectual; nem mesmo um mecenas das artes. Espera-se, porém, que tenha uma estrutura intelectual para vencer seus desafios, o que não é dado por jogos de empresa e nem por um exercício em cordas altas. Estes são mais instrumentais. A vantagem do cinema é que amplia o cenário e levanta as questões verdadeiras. Quando discutíamos *Doze Homens e uma Sentença*, não era a virada de placar, de onze a um pela condenação para doze a zero pela absolvição, que sensibilizava mais os executivos, mas a convicção da incerteza, quando Henry Fonda afirmava estar com uma dúvida razoável, enfrentando, assim, pressões para que a decisão fosse tomada rapidamente e com base em aparências. Esta foi uma real contribuição para a cultura gerencial: a admissão da dúvida como matéria-prima essencial aos processos mentais dos executivos. Lembro-me também da introspecção de Alan Ladd, em *Shane*. Aquele olhar perdido debruçado em uma cerca ensinava-nos mais sobre o valor do individualismo na sociedade americana do que vários ensaios.

E o jantar em *Gente Como a Gente*, quando a filha leva o namorado roqueiro para apresentar aos pais? A certa altura, o pai sisudo volta-se para o jovem pretendente e pergunta quanto ele ganhava por ano, tentando mostrar poder. Um milhão de dólares. O mundo tinha mudado e a experiência perdido para a competência, a empáfia para a criatividade, em uma tomada de cinco minutos. O sertão vai virar mar e o mar virar sertão, o forte verso de Sergio Ricardo para a trilha sonora de *Deus e o Diabo na Terra do Sol* mobilizou toda uma geração em torno de determinados ideais de mudança. O grito dos comícios se dispersa, mas a voz e a imagem do cinema continuam alimentando a consciência humana.

Quem acha que o bem e o mal nas organizações são conveniências circunstanciais perderá tal ingenuidade ao defrontar-se com a figura enorme de Marlon Brando em *Apocalypse Now*, a própria personificação do mal. Aqueles não vêem saída para a relação autoritária de dependência entre superior e subordinado, descobrem que o rompimento pode ser traumático, mas grandioso. Jane Fonda rebela-se contra seu marido na versão cinematográfica de *Casa de Bonecas*, de Ibsen. Deixa de lado a fachada de bibelô e vai à luta, reconstruindo sua identidade. Isso é que é exercício de auto-estima e não certas celebrações da subarte que existem por aí.

Veja, leitor, quantas oportunidades a arte do cinema nos oferece, uma espécie de c-*learning*. Você não precisa de aprovação de verba para treinamento e pode usar seu tempo discricionário. Pode ir sozinho ou acompanhado por quem escolher. Se não gostar, passe para a sala ao lado, neste mundo multiplexado. Se gostar demais, assista quantas vezes quiser, em DVD. Para uma discussão educativa e estimulante, mande um e-mail para Myrna e Carlos Augusto, mentores de primeira linha. Para ouvir o que os outros pensam, freqüente as sessões da ABRH-RJ. Você é o ator principal e dono do que aprende. Por falar neste casal, que ora se mimetiza em Myrna, ora em Carlos Augusto, cabe uma referência especial. Myrna assume uma liderança pública, coordena grupos, escreve artigos e livros principalmente para profissionais de organização. Carlos Augusto é autor e crítico internacionalmente respeitado, jurado em festivais, pesquisa o mundo inteiro. Uma dupla que se completa, para nosso privilégio. Cada vez mais aprendizagem se alcança através do lazer: é agradável ao espírito, estimulante, prazerosa aos sentidos e voltada para aquilo que gera valor para as pessoas. Myrna Brandão, em sua profundidade didática, preenche todos esses requisitos, por meio dos filmes deste livro-mostra; assim como dos demais filmes que passaremos a assistir com outros olhos, corações e mentes, no escurinho dos cinemas.

Luiz Augusto M. da Costa Leite

Apresentação

Este livro é a segunda edição da obra original lançada em 2004. Para que vocês, amigos leitores, tenham um melhor entendimento, acho importante fazer alguns comentários nesta breve apresentação.

Além de terem sido mantidos os filmes incluídos na primeira edição, quero destacar a inclusão, nesta obra, de texto específico intitulado Sugestões para o Debate, após a análise de cada filme e os comentários sobre eles. São reflexões, enfoques diferenciados e outras formas de abordagem que podem direcionar e enriquecer a condução do debate.

Com essa iniciativa, estou procurando atender a muitos pedidos que tenho recebido nesse sentido nas sessões que realizo de aplicação do cinema em desenvolvimento.

Outros tópicos incluídos nesta nova edição são os relacionados com a Seleção de Cenas e a Utilização de Curtas-metragens, conforme especificamente detalhados no Capítulo 1.

Após esses esclarecimentos iniciais, gostaria de repetir neste texto algumas colocações que constaram da apresentação da primeira edição, não só por definirem os caminhos que me levaram ao estudo do assunto, mas também por expressarem o meu reconhecimento às inúmeras pessoas que contribuíram para a concretização deste trabalho.

Com relação ao meu interesse pelo tema, poderia dizer que as duas áreas objeto deste livro – Cinema e Gestão com Pessoas – sempre tiveram uma importância significativa no direcionamento e na priorização do trabalho que desenvolvo.

A primeira foi algo como amor à primeira vista, quando, bem antes de atuar profissionalmente na área, freqüentava as matinês de domingo e percebia o envolvimento e a emoção que um filme pode proporcionar. A segunda, certamente ajudada pelo direcionamento do destino, foi uma inclinação quase natural quando comecei a atuar na área de administração e gerência.

Assim, desde muito cedo, todas as vezes que assistia a um filme, além de penetrar no mundo mágico do cinema, ficava refletindo muito tempo, após o seu término, sobre tudo aquilo que havia assimilado daquela experiência. E, na maior parte das vezes, concluía o quanto já tinha aprendido em termos de história, artes, filosofia, antropologia, religião e tantos outros conhecimentos por meio dos filmes que eram mostrados nas telas.

Daí para uma associação com a área na qual eu trabalhava não foi difícil. Além dos temas, seqüências e cenas relacionadas com a nossa vida como pessoas e profissionais, havia também aqueles filmes que tratavam de muitos aspectos do mundo corporativo. E é da ligação dessas duas áreas tão afins que trata este livro, que eu desejo dividir com aqueles que o lerem e, possivelmente, aplicarem no seu trabalho.

Quanto ao reconhecimento, seria realmente difícil enumerar todas as pessoas que me ensinaram, apoiaram, influenciaram, enfim colaboraram para o desenvolvimento destas idéias. Inicialmente, Carlos Augusto, companheiro – e, eu diria, praticamente co-autor – como incentivador, revisor, colaborador, crítico e inspirador. Meu agradecimento também à Marlene, irmã, amiga e sempre presente com sua ajuda construtiva, sem a qual uma boa parte deste trabalho teria sido mais difícil de realizar.

Quero fazer um agradecimento à ABRH e a todas as pessoas com quem lá eu convivi e convivo. Além de ser um dos espaços onde venho realizando o trabalho de Utilização do Cinema em T&D, a atividade associativa lá desenvolvida vem me propiciando nesses anos todos uma oportunidade única de aprendizado, troca de experiências, agregação de valor e possibilidade de transformação do saber individual de cada um em conhecimento coletivo de e para todos.

Desejo fazer um agradecimento também a Carlos Alberto Barbosa, que, ainda nos anos 80, volta e meia me convidava a escrever um artigo sobre esta ferramenta de T&D para a Coluna da ABRH no O Globo. Acabei aceitando seu convite e o artigo – Leve seu Gerente ao Cinema – foi o primeiro texto público sobre a pesquisa que eu então realizava e também fez parte do livro "Recursos Humanos: Um Foco na Modernidade", editado sob a coordenação de Barbosa, que na época presidia a Associação.

Por último, gostaria de registrar que tenho certeza de que muitas pessoas com quem tive oportunidade de me relacionar nesses anos todos – pessoal e profissionalmente – certamente contribuíram direta ou indiretamente para este trabalho: seja com ensinamentos, exemplos, elogios, concordâncias, seja com divergências ou críticas. A todas elas quero igualmente agradecer.

Myrna Silveira Brandão

Sumário

ARTIGO Leve seu Gerente ao Cinema, 1

ROTEIRO Indicação dos Filmes de Acordo com o Tema Procurado, 5

CAPÍTULO 1 Desenvolvimento e Conteúdo, 17

1. Introdução, 19
2. Por que Utilizar, 20
3. Formas de Utilização, 22
4. Seleção de Cenas, 24
5. Utilização de Curtas-metragens, 25
6. Dúvidas e/ou Questões que Podem Ocorrer, 27
7. Análise sobre os Temas que Podem Ser Utilizados, 30
8. História do Cinema, 36

CAPÍTULO 2 O Filme Como Objeto de Análise e Debate, 41

A Agenda, 43
Almas em Chamas, 47
Ao Mestre com Carinho, 51
À Primeira Vista, 55

A Qualquer Preço, 58
Buena Vista Social Clube, 62
O Chamado de Deus, 66
A Chave do Sucesso, 69
O Closet, 73
As Confissões de Schmidt, 77
Dedos Verdes, 80
Desafio no Bronx, 84
Doze Homens e uma Sentença, 87
Edifício Master, 93
O Filho, 96
Filhos do Paraíso, 99
FormiguinhaZ, 102
O Informante, 105
O Inglês que Subiu a Colina e Desceu a Montanha, 109
As Invasões Bárbaras, 113
Janela da Alma, 116
Lições de Vida, 119
Matrix Reloaded, 123
Meu Nome é Joe, 128
Momentos Decisivos, 132
A Música do Coração, 136
Nenhum a Menos, 139
Olhos Azuis, 142
Patch Adams, o Amor é Contagioso, 145
Procurando Nemo, 148
Recursos Humanos, 152
Rudy, 157
Spotswood, um Visitante Inesperado, 160
O Sucesso a Qualquer Preço, 164

Tempos Modernos, 167

O Toque do Oboé, 170

Tucker, Um Homem e seu Sonho, 173

Viver, 176

CAPÍTULO 3 Filmes Como Pano de Fundo para T&D, 181

À Espera da Felicidade, 183

Body and Soul, 187

Cidadão Kane, 190

2001, uma Odisséia no Espaço, 193

Eu Tu Eles, 197

Harry Potter e a Pedra Filosofal, 200

Nós que Aqui Estamos por Vós Esperamos, 203

Orfeu, 207

A Viagem de Chihiro, 210

Villa-Lobos, uma Vida de Paixão, 213

CAPÍTULO 4 Curtas-metragens, 217

Barbosa, 219

Negócio Fechado, 222

O Paradoxo do Passarinho, 224

Tem Boi no Trilho, 226

Xeque-mate – O Xadrez das Cores, 229

Bibliografia, 223

Leve seu Gerente ao Cinema

Artigo publicado no O Globo de 24/12/89, na Coluna Recursos Humanos

O presente artigo faz parte de um trabalho mais amplo, com o objetivo de estabelecer uma relação entre cinema e desenvolvimento gerencial. Cinema visto aqui na sua concepção ampla de arte abrangente, e não apenas como um filme ou um vídeo didático instrucional.

Com base em experiência de vários anos na área de administração e gerência e nos estudos realizados na área de cinema como interessada e pesquisadora do tema, busco traçar uma inter-relação estreita entre o potencial e perspectivas do cinema e sua utilização como uma opção válida e atraente no desenvolvimento dos gerentes.

Em princípio, não há tema que não possa ser abordado pelo cinema. Considerando sua pouca idade, jamais antes uma arte foi tão pesquisada, discutida e analisada.

Ao lado de ser um meio de narrar histórias, o cinema, há muito, tornou-se um meio de reflexão psicológica, política, religiosa, sociológica, ética e cultural. E, como área cultural, é também um campo de mudança. Como confirma André Bazin, um dos autores que se dedicaram a elaborar uma teoria do cinema, quando responde à sua própria pergunta: "Que é cinema?" É um processo sempre em crescimento, sempre se transformando e se revelando mais (As Principais Teorias do Cinema, de J. Dudley Andrew).

Também sobre o assunto, Orlando Senna começa a apresentação do excelente "O Século do Cinema", de Glauber Rocha, com a frase "A vida é um filme sem roteiro". E por espelhar a vida, tem sido intensa a participação do cinema nos conflitos sociais e na problemática humana.

Desde sua invenção, em 1895, são inúmeros os temas já abordados pelo cinema de forma magistral. Através dos filmes, já foram retratadas situações e fenômenos cujas alternativas e conseqüências nos forneceram diversos exemplos de problemas, questionamentos, pontos de reflexão, obstáculos, ameaças e desafios. Exemplos que refletem verdadeiras situações de laboratórios de treinamento tal a intensidade com que os fenômenos da vida são profunda e exaustivamente abordados.

Poucos meios podem mostrar com tanta veracidade situações vividas pelos Gerentes no seu dia-a-dia nas organizações: problemas de relacionamento humano; fatores críticos envolvidos no processo de tomada de decisão; situações ligadas à falta de ética; conflitos sobre decisões que, embora boas para as Empresas, podem prejudicar empregados, clientes, acionistas e até a comunidade; situações de conflitos psicológicos; busca de equilíbrio de poder; dificuldades para harmonizar diferenças individuais e outros.

O cinema pode ser mais uma opção de desenvolvimento gerencial, principalmente se levarmos em conta que não se desenvolve o Gerente, mas o todo que é a pessoa.

Sergei Eisenstein identificou nessa pessoa não o espectador passivo, mas o espectador como co-criador, ou seja, adotando as imagens da tela como se elas corporificassem sua experiência procognitiva. Ele acreditava que o auge do filme ocorre quando a mente criativa sintetiza as idéias opostas que lhe dão energia.

Também Hugo Munsterberg, um dos fundadores da psicologia moderna e que tantas contribuições trouxe à administração, em sua obra "The Film: A Psychological Study" aborda um aspecto que ele chama de desenvolvimento cinematográfico externo, que é a tecnologia do meio; e um outro, desenvolvimento cinematográfico interno, que é a evolução do uso que a sociedade vem fazendo do meio. Para ele, o cinema é um processo mental. É sabido que os sentimentos não são expressos pelo filme. Eles resultam da reação do espectador; nascem de seus valores, de seus condicionamentos, de seus padrões e de suas histórias de vida.

O Gerente, como pessoa que é, certamente incorporará, na sua trajetória gerencial, mensagens dos filmes às situações já vividas e por viver.

Mensagens como as seguintes:

- Ninguém vê o mesmo fato da mesma forma. Cada pessoa vê ângulos e verdades diferentes porque as pessoas são diferentes e projetam sua individualidade na análise e interpretação dos fatos, como mostrou brilhantemente Akira Kurosawa, em "**Rashomon**".
- As conseqüências que podem advir de uma informação errada e atitudes preconceituosas estão presentes no tema abordado por Sidney Pollack, em "**Ausência de Malícia**".
- Quantas situações já vivemos nas Empresas, semelhante à descrita por Vittorio de Sica, no "**Jardim dos Finzi Contini**", em que uma família judaico-italiana tenta viver em pleno fascismo, isolada em sua casa, como se nada estivesse ocorrendo lá fora. Em outras palavras, quantas vezes nos fechamos no nosso pequeno mundo, alheios ao campo conceitual da Empresa?
- Uma cruel reflexão sobre o poder, suas lutas e tramas é tema abordado com maestria pelo diretor Anthony Harvey, em "**Leão no Inverno**".
- "**Doze Homens e uma Sentença**", de Sidney Lumet, é, além de um profundo filme de denúncia, uma das mais perfeitas formas de mostrar como as pessoas trazem para o grupo e a tomada de decisão, seus valores, seus condicionamentos e seus padrões de vida.
- A relação é grande e, evidentemente, não se poderia esgotar aqui: "Ensaio de Orquestra", de Federico Fellini; "Se meu Apartamento Falasse" de Billy Wilder; "Um Cidadão Acima de Qualquer Suspeita"; de Elio Petri; "Pistoleiros do Entardecer, de Sam Peckinpah; "Tempos Modernos", de Charles Chaplin; e "Sérpico", de Sidney Lumet, em que são analisadas questões relativas a resistências, ascensão oportunística

na organização, poder formal como incapaz de cometer delitos, inversão de valores, o caráter de fragmentação das tarefas e a força das pressões que impedem a mudança de culturas estratificadas.

E ainda:

- "**O Leopardo**", de Luchino Visconti, no qual é prescrita uma proposta de mudanças para que "tudo fique como está".

Em conclusão, o cinema tem a propriedade de ser um sistema de significados. Ele não se limita a narrar os enredos. Por meio do simbolismo de suas ações, também produz idéias.

Assim, por que não utilizarmos mais esse instrumento de desenvolvimento gerencial nos programas destinados aos Gerentes?

Em um programa gerencial de, por exemplo, cinco dias, uma tarde destinada à exibição de um filme, escolhido de acordo com o objetivo a que se destina, seguida de discussão sobre o tema abordado e seu paralelismo com o dia-a-dia da organização, pode trazer enorme contribuição para a percepção, reflexão e vivência em situações reais.

Roteiro

*Indicação dos filmes de
acordo com o tema procurado*

Este roteiro objetiva dar uma indicação de quais temas podem ser trabalhados e analisados com a utilização de vários filmes. Ao escolher o filme, no entanto, é fundamental ler o texto sobre ele para verificar se, de fato, enfatiza o tema procurado. Um filme, por exemplo, pode abordar o assunto em alguma(s) cena(s), mas o seu enfoque principal não se referir especificamente ao tema objeto da procura. Por outro lado, embora um filme possa abordar vários assuntos, muitas vezes ele tem um direcionamento maior para determinado tema.

Pelos mesmos motivos, é também importante assistir ao filme previamente antes da sessão com o grupo. Informações mais detalhadas podem ser encontradas no Capítulo 1.

ADAPTAÇÃO

- **aos novos tempos**

   O Chamado de Deus

   As Confissões de Schmidt

   Orfeu

- **às novas formas de ver**

   À Primeira Vista

   Body and Soul

   O Inglês que subiu a Colina e Desceu a Montanha

   Lições de Vida

   Janela da Alma

   Orfeu

   O Toque do Oboé

APRENDIZAGEM

   Ao Mestre com Carinho

   Dedos Verdes

APRENDIZAGEM (continua)

Desafio no Bronx
A Música do Coração
Nenhum a Menos
Patch Adams, o Amor é Contagioso
Procurando Nemo
Sementes da Violência
Sociedade dos Poetas Mortos
A Viagem de Chihiro

ASSUNÇÃO DE RISCOS

Desafio no Bronx
Procurando Nemo
Tem Boi no Trilho

BUROCRACIA

O Inglês que Subiu a Colina e Desceu a Montanha
A Música do Coração
Nenhum a Menos
Tucker, um Homem e seu Sonho
Viver

CLIMA ORGANIZACIONAL

A Agenda
Almas em Chamas
A Chave do Sucesso
O Closet
FormiguinhaZ
O Informante
O Sucesso a Qualquer Preço
Patch Adams, o Amor é Contagioso
Recursos Humanos
Spotswood, um Visitante Inesperado
Viver

COMPETIÇÃO

Barbosa
A Chave do Sucesso
Desafio no Bronx
FormiguinhaZ
Momentos Decisivos
Negócio Fechado
Recursos Humanos
O Sucesso a Qualquer Preço
Tucker, um Homem e seu Sonho

COMPORTAMENTO DE GRUPOS

Almas em Chamas
Ao Mestre com Carinho
A Qualquer Preço
O Chamado de Deus
A Chave do Sucesso
O Closet
Dedos Verdes
Doze Homens e uma Sentença
FormiguinhaZ
O Inglês que Subiu a Colina e Desceu a Montanha
Momentos Decisivos

COMPORTAMENTO DE GRUPOS (continuação)

A Música do Coração
Negócio Fechado
Nenhum a Menos
Olhos Azuis
Patch Adams, o Amor é Contagioso
Recursos Humanos
Sementes da Violência
Sociedade dos Poetas Mortos
Spotswood, um Visitante Inesperado
O Sucesso a Qualquer Preço
Tem Boi no Trilho
Xeque-mate – O Xadrez das Cores

COMUNICAÇÃO

- **problemas de**
  À Primeira Vista
  Almas em Chamas
  As Invasões Bárbaras
  Lições de Vida

CONFLITO

- **choque de gerações**
  Desafio no Bronx
  As Invasões Bárbaras
  Procurando Nemo
  Recursos Humanos

- **de grupos**
  A Qualquer Preço
  Ao Mestre com Carinho
  Almas em Chamas
  O Chamado de Deus
  Doze Homens e uma Sentença
  FormiguinhaZ
  O Inglês que Subiu a Colina e Desceu a Montanha
  Lições de Vida
  Momentos Decisivos
  Sementes da Violência
  Sociedade dos Poetas Mortos
  Xeque-mate – O Xadrez das Cores

- **na empresa**
  A Chave do Sucesso
  O Closet
  O Informante
  Recursos Humanos
  O Sucesso a Qualquer Preço
  Spotswood, um Visitante Inesperado
  Tucker, um Homem e seu Sonho
  Viver

CRIATIVIDADE

Body and Soul
Filhos do Paraíso
O Inglês que Subiu a Colina e Desceu a Montanha

CRIATIVIDADE (continuação)

Nós que Aqui Estamos por Vós Esperamos
O Toque do Oboé
Orfeu
Patch Adams, o Amor é Contagioso
Tucker, um Homem e seu Sonho
A Viagem de Chihiro

CULTURA

- *choque de*

  À Espera da Felicidade
  Doze Homens e uma Sentença
  Lições de Vida
  Momentos Decisivos
  Sementes da Violência
  Sociedade dos Poetas Mortos

- *traços de*

  O Chamado de Deus
  O Círculo
  O Inglês que Subiu a Colina e Desceu a Montanha
  Nenhum a Menos
  Filhos do Paraíso
  Eu Tu Eles

- *organizacional*

  A Chave do Sucesso
  O Sucesso a Qualquer Preço

Recursos Humanos
O Closet
Spotswood, um Visitante Inesperado
Viver

DESAFIO

A Qualquer Preço
Ao Mestre com Carinho
Almas em Chamas
O Inglês que Subiu a Colina e Desceu a Montanha
Momentos Decisivos
A Música do Coração
Nenhum a Menos
Patch Adams, o Amor é Contagioso
Procurando Nemo
Rudy
Tucker, um Homem e seu Sonho

DROGAS

- *alcoolismo*

  Meu Nome é Joe

EMPREENDEDORISMO

Cidadão Kane
A Música do Coração
Tucker, Um Homem e seu Sonho

EQUIPE

- **ausência de trabalho de**
  Barbosa
  A Chave do Sucesso
  O Sucesso a Qualquer Preço

- **desenvolvimento de**
  Momentos Decisivos

- **trabalho de**
  Almas em Chamas
  Dedos Verdes
  FormiguinhaZ
  O Inglês que Subiu a Colina e Desceu a Montanha
  Momentos Decisivos
  Procurando Nemo

ÉTICA

A Qualquer Preço
A Agenda
Almas em Chamas
Cidadão Kane
A Chave do Sucesso
Doze Homens e uma Sentença
O Filho
FormiguinhaZ
O Informante
O Inglês que Subiu a Colina e Desceu a Montanha
Lições de Vida
Negócio Fechado
Patch Adams, o Amor é Contagioso

Recursos Humanos
O Sucesso a Qualquer Preço
Spotswood, um Visitante Inesperado
Tucker, um Homem e seu Sonho
Xeque-Mate – O Xadrez das Cores

FUTURISMO

2001, Uma Odisséia no Espaço
Matrix Reloaded
Nós que Aqui Estamos por Vós Esperamos
Tucker, um Homem e seu Sonho

HUMANISMO

À Espera da Felicidade
Ao Mestre com Carinho
Buena Vista Social Clube
Dedos Verdes
Edifício Máster
Filhos do Paraíso
O Filho
Lições de Vida
Meu Nome é Joe
A Música do Coração
Nenhum a Menos
Patch Adams, o Amor é Contagioso
Procurando Nemo
Viver

JUSTIÇA

- **ausência de**
  A Qualquer Preço
  Tucker, um Homem e seu Sonho

- **sistema de**
  Dedos Verdes
  Doze Homens e uma Sentença

LIDERANÇA

Almas em Chamas
Desafio no Bronx
Doze Homens e uma Sentença
FormiguinhaZ
O Inglês que Subiu a Colina e Desceu a Montanha
Momentos Decisivos
Tem Boi no Trilho

MEIO AMBIENTE

A Qualquer Preço
Lições de Vida

MOTIVAÇÃO

Almas em Chamas
Buena Vista Social Clube
O Chamado de Deus
Dedos Verdes
Momentos Decisivos

A Música do Coração
O Sucesso a Qualquer Preço
Spotswood, um Visitante Inesperado
Tempos Modernos
Viver

MUDANÇAS

- **de conceitos**
  A Qualquer Preço
  Doze Homens e uma Sentença
  Recursos Humanos
  Tem Boi no Trilho
  Xeque-mate – O Xadrez das Cores

- **resistência a**
  Ao Mestre com Carinho
  Almas em Chamas
  Lições de Vida
  Momentos Decisivos
  O Paradoxo do Passarinho
  Patch Adams, o Amor é Contagioso
  Sociedade dos Poetas Mortos
  Spotswood, um Visitante Inesperado
  Viver

NEGOCIAÇÃO

A Qualquer Preço
Doze Homens e uma Sentença

NEGOCIAÇÃO (continuação)

O Informante
Lições de Vida
Momentos Decisivos
Negócio Fechado
Recursos Humanos
Xeque-Mate – O Xadrez das Cores

OBJETIVO

- *busca de*

  A Qualquer Preço
  Almas em Chamas
  FormiguinhaZ
  O Inglês que Subiu a Colina e Desceu a Montanha
  Momentos Decisivos
  A Música do Coração
  Nenhum a Menos
  Patch Adams, o Amor é Contagioso
  Procurando Nemo
  Rudy
  Tem Boi no Trilho
  Tucker, um Homem e seu Sonho

PADRÕES

- *culturais*

  À Espera da Felicidade
  Edifício Máster
  Eu Tu Eles

  Filhos do Paraíso
  O Inglês que Subiu a Colina e Desceu a Montanha
  Nenhum a Menos

- *cristalizados*

  À Primeira Vista
  Doze Homens e uma Sentença
  Janela da Alma
  Momentos Decisivos
  O Paradoxo do Passarinho
  Sociedade dos Poetas Mortos
  Spotswood, um Visitante Inesperado
  Tem Boi no Trilho
  Viver

- *diferenciação de*

  Desafio no Bronx
  Doze Homens e uma Sentença
  Recursos Humanos

PARADIGMAS

- *manutenção de*

  O Chamado de Deus
  Lições de Vida
  O Paradoxo do Passarinho
  Sociedade dos Poetas Mortos

- *novos*

  À Primeira Vista
  Almas em Chamas

PARADIGMAS (continuação)

O Chamado de Deus
O Inglês que Subiu a Colina e Desceu a Montanha
Janela da Alma
Momentos Decisivos
Olhos Azuis
Patch Adams, o Amor é Contagioso
Tem Boi no Trilho
O Toque do Oboé
Tucker, um Homem e seu Sonho

PERSISTÊNCIA

Dedos Verdes
Doze Homens e uma Sentença
FormiguinhaZ
O Inglês que Subiu a Colina e Desceu a Montanha
Momentos Decisivos
Nenhum a Menos
Patch Adams, o Amor é Contagioso
Procurando Nemo
Rudy
Tucker, um Homem e seu Sonho

PODER

- **abuso de**
  Almas em Chamas
  Lições de Vida
  Patch Adams, o Amor é Contagioso
  Sociedade dos Poetas Mortos
  Tem Boi no Trilho
  Xeque-Mate – O Xadrez das Cores

- **empresarial**
  O Informante
  A Qualquer Preço
  Recursos Humanos
  O Sucesso a Qualquer Preço
  Tucker, um Homem e seu Sonho

- **luta pelo**
  FormiguinhaZ
  Matrix Reloaded
  2001, Uma Odisséia no Espaço

- **da mídia**
  Cidadão Kane
  O Informante
  Nenhum a Menos

POTENCIAL

- **identificação de**
  Buena Vista Social Clube
  Harry Potter
  Momentos Decisivos

PRECONCEITO

À Primeira Vista
Body and Soul
O Closet
FormiguinhaZ
Olhos Azuis
Doze Homens e uma Sentença
A Música do Coração
Rudy
Sementes da Violência
Xeque-Mate – O Xadrez das Cores

RACIOCÍNIO LATERAL

Body and Soul
O Closet
O Inglês que Subiu a Colina e Desceu a Montanha
Doze Homens e uma Sentença

REAPRENDIZAGEM

À Primeira Vista
Dedos Verdes
Lições de Vida
Matrix Reloaded
Olhos Azuis
Patch Adams, o Amor é Contagioso
Spotswood, um Visitante Inesperado

RESPONSABILIDADE SOCIAL

A Qualquer Preço
O Informante
Lições de Vida
Patch Adams, o Amor é Contagioso

SENTIDO DA VIDA

Buena Vista Social Clube
As Confissões de Schmidt
Edifício Máster
As Invasões Bárbaras
Lições de Vida
Viver

SOLIDARIEDADE

À Espera da Felicidade
Filhos do Paraíso
FormiguinhaZ
As Invasões Bárbaras
Lições de Vida
Meu Nome é Joe
A Música do Coração
Patch Adams, o Amor é Contagioso
Procurando Nemo
A Viagem de Chihiro

SONHOS

- **busca de**
  À Espera da Felicidade

SONHOS (continuação)

Edifício Máster
FormiguinhaZ
A Música do Coração
Rudy
Tem Boi no Trilho
Tucker, um Homem e seu Sonho

SUPERAÇÃO DE LIMITES E OBSTÁCULOS

À Primeira Vista
O Inglês que Subiu a Colina e Desceu a Montanha
Momentos Decisivos
A Música do Coração
Procurando Nemo
Rudy
Tem Boi no Trilho
Tucker, um Homem e seu Sonho
Xeque-Mate – O Xadrez das Cores

TECNOLOGIA

2001, uma Odisséia no Espaço
Matrix Reloaded
Tempos Modernos
Tucker, um Homem e seu Sonho

TRABALHO

- *alienação*
  O Paradoxo do Passarinho
  Recursos Humanos
  Tempos Modernos
  Viver

- *assédio moral*
  A Agenda
  Almas em Chamas
  A Chave do Sucesso
  O Closet
  O Informante
  Patch Adams, o Amor é Contagioso
  Recursos Humanos
  Sociedade dos Poetas Mortos
  O Sucesso a Qualquer Preço

- *desemprego*
  A Agenda
  Meu Nome é Joe
  Recursos Humanos
  Spotswood, um Visitante Inesperado

- *fragmentação*
  Recursos Humanos
  Tempos Modernos

- *processo decisório*
  Doze Homens e uma Sentença
  Recursos Humanos

TRABALHO (continuação)

- **sobrevivência**

    A Chave do Sucesso
    A Agenda
    Spotswood, um Visitante Inesperado
    O Sucesso a Qualquer Preço

VALORES

Almas em Chamas
À Primeira Vista
A Qualquer Preço
Cidadão Kane
O Chamado de Deus
A Chave do Sucesso
O Closet
O Desafio no Bronx
Doze Homens e uma Sentença
Edifício Máster
Eu Tu Eles
O Filho
O Informante
As Invasões Bárbaras
Lições de Vida
Matrix Reloaded
Momentos Decisivos
Negócio Fechado
Olhos Azuis
Patch Adams, o Amor é Contagioso
Procurando Nemo
Rudy
Sementes da Violência
Sociedade dos Poetas Mortos
Spotswood, um Visitante Inesperado
O Sucesso a Qualquer Preço
Viver
Xeque-Mate – O Xadrez das Cores

Capítulo 1

Desenvolvimento e Conteúdo

1. Introdução

O Cinema é a arte que mais caracterizou o século que passou. Desde sua criação, em 1895, nenhum meio de comunicação mostrou com tanto realismo as situações vividas pelas pessoas no seu cotidiano e no seu trabalho.

Em inúmeros filmes, as cenas são tão realistas que levam muitas vezes os espectadores a concluir que, trazidas para a realidade do dia-a-dia, elas não seriam muito diferentes.

Portanto, essa possibilidade de o cinema conseguir captar a realidade o transforma também, ao lado do seu aspecto de entretenimento e lazer, em uma poderosa ferramenta cultural e didática.

Trazendo o tema para a área de Administração, Gerência e Recursos Humanos, é sabido que um programa de desenvolvimento será mais eficaz se a metodologia utilizada for motivadora e, em conseqüência, possibilitar uma assimilação mais rápida pelas pessoas.

O cinema, certamente, é uma dessas metodologias. Dificilmente um fato presente no dia-a-dia das organizações deixou de ser tema de algum filme: poder, mudança organizacional, conflitos, delegação, choque cultural, diferenças individuais, trabalho em equipe, relacionamento humano, preconceitos, inovação, criatividade, entre dezenas de outras situações. O fato é que são enormes as potencialidades do cinema e da sua utilização no enriquecimento de percepções e no desenvolvimento das pessoas.

O conteúdo deste livro objetiva a análise da utilização do cinema como metodologia de treinamento e desenvolvimento através da indicação, crítica e comentários de vários filmes que abordam temas vividos no cotidiano das organizações e no dia-a-dia das pessoas na sua vida profissional e pessoal.

Nesta obra, são analisados 55 filmes com as respectivas indicações dos temas que poderão ser utilizados em programas de treinamento e desenvolvimento.

Importante ressaltar que as sugestões não esgotam o assunto. Além de existirem muitos outros filmes que podem ser trabalhados com os temas aqui sugeridos, os próprios filmes indicados podem, igualmente, conter muitos elementos de análise para outros assuntos.

A utilização de filmes em desenvolvimento tem comprovado cada vez mais uma tese aceita por críticos, historiadores e estudiosos do cinema: "cada espectador vê um filme", ou seja, é da história de vida e padrões de cada pessoa que surgem as percepções de uma obra, e, no caso específico deste livro, de uma obra cinematográfica.

2. POR QUE UTILIZAR

As mudanças no ambiente de trabalho, o desenvolvimento da tecnologia, a carência cada vez mais acentuada do fator tempo, a velocidade das transformações – todos esses aspectos requerem novos paradigmas e utilização, nos programas de treinamento e desenvolvimento, de metodologias mais motivadoras, inovadoras e até lúdicas.

Cada vez mais, assistimos à utilização de um verdadeiro mix de aprendizagem que está sendo adotado pelas organizações: treinamento na web, sala de aula, videoconferência, salas de bate-papo orientado, enfim, uma grande variedade de modalidades.

A par disso, também vem sendo incentivada a adoção de situações no trabalho que propiciem oportunidades de aprendizado e aquisição de conhecimentos que contribuam para melhorar o desempenho. Entre muitas outras, leitura de textos, vídeos e conversas compartilhadas são formas cada vez mais consideradas oportunas.

Na presente análise de utilização do cinema em treinamento e desenvolvimento, vemos as seguintes fundamentações:

1. A aprendizagem não passa apenas pelo intelecto pura e simplesmente, mas também pelas emoções, pelos valores e pelas percepções. Poucos veículos mexem tanto com a emoção como o cinema.
2. Vivemos, atualmente, em um mundo *online* e sem fronteiras. O que se pode assistir através do cinema é, na maioria das vezes, universal, possibilitando a visão de outras culturas, de costumes diferenciados e de visões diferentes da nossa.
3. Os programas possibilitam um treinamento em equipe em uma experiência compartilhada.
4. Um filme tem um grande poder de convencimento. Não é à toa que ele já foi utilizado inúmeras vezes para alterar comportamentos, obter comprometimentos e até como instrumento de propaganda. Um dos mais conhecidos foi a utilização do cinema pelos Estados Unidos como propaganda da guerra, e também anteriormente na Alemanha de Hitler.
5. A metodologia enseja a comparação com situações vivenciadas no dia-a-dia. O cinema aborda fatos do nosso cotidiano pessoal e de nossas vidas nas organizações. Muitos filmes são baseados em histórias reais e alguns (os documentários) buscam ser o retrato fiel do personagem e/ou da história enfocada.
6. Além do aspecto de lazer e entretenimento, o cinema é também um meio de reflexão psicológica, política, sociológica, religiosa, ética e cultural. Assim, a sessão de um filme pode possibilitar uma verdadeira situação de laboratório de treinamento pela intensidade com que os fenômenos da vida são abordados de forma profunda e até exaustiva. Poucos meios mostram com tanta veracidade situações que podem ser comparadas com aquelas vividas pelos profissionais e gerentes na sua vida pessoal e nas organizações.
7. Uma sessão com a exibição e debate de um filme tem condições de possibilitar um treinamento construtivista porque propicia uma participação mais ativa do grupo, funciona

como fator de integração dos participantes, exercita o trabalho em equipe, estimula a criatividade e amplia a visão de todos.

8. O próprio aspecto relacionado com a estrutura para realização de uma produção cinematográfica é um fator a ser considerado: um filme é realizado por profissionais de várias áreas que se juntam em uma estrutura temporária; muitas vezes, são convocados os melhores profissionais do mercado.

3. Formas de utilização

Com base na experiência e nos estudos que vimos desenvolvendo sobre o tema há cerca de 25 anos, alinhamos, a seguir, alguns pontos que julgamos importante serem observados na utilização do cinema como ferramenta de treinamento e desenvolvimento.

O programa pode ser trabalhado de duas formas:

a) O filme como pano de fundo para desenvolvimento de determinado tema, ou seja, a utilização do filme como treinamento se refere mais à produção em si ou a fatos relacionados com os bastidores de sua filmagem e lançamento, do que propriamente com o tema que ele aborda.

Nesse caso, a exibição do filme pode ser utilizada para mostrar aspectos relacionados, por exemplo, com a criatividade e inovação dos realizadores, com aspectos que motivaram a realização da obra, com a vanguarda e perenidade de determinada produção, com alusão a práticas de gestão adotadas em administração, com a relatividade de traços culturais, com a capacidade de adaptação e outros.

Os filmes indicados para essa forma estão relacionados no Capítulo 3 – Filmes como Pano de Fundo para T&D.

b) O filme como objeto de análise e debate de determinado(s) tema(s). Nesse caso, alguns passos devem ser observados:

- o filme deve ser cuidadosamente escolhido de acordo com o tema objeto do treinamento. É importante levar em consideração o perfil da turma, a sua faixa etária, o tempo de

duração do filme e outros aspectos relacionados à situação específica do programa a ser administrado;
- ao escolher o filme é importante ler o texto relativo a ele. Embora um filme possa ser analisado sob vários assuntos, normalmente ele tem um enfoque maior em determinado tema. Por exemplo, em Tucker, um Homem e seu Sonho – embora tenha questões ligadas à ética, ao abuso de poder e à inovação – o ponto alto a ser trabalhado é a superação de obstáculos para alcance do objetivo e realização do sonho;
- o facilitador deve assistir ao filme previamente e anotar os pontos e as cenas que ele (como especialista da área e também como espectador) destacaria para trabalhar o tema em questão;
- antes da exibição, é interessante uma breve explicação sobre o filme – mais do ponto de vista do cinema, do que do(s) tema(s) a ser(em) trabalhado(s). É importante não levantar pontos-chave que possam sugestionar os treinandos, tendo em vista que um dos aspectos mais ricos do programa é justamente a percepção de cada um sobre o filme e os temas em questão;
- após a exibição, é recomendável que haja uma breve exposição de um debatedor ligado ao tema. Por exemplo, se o treinamento se referir ao tema "liderança", um especialista no assunto certamente pode ajudar muito na condução do debate e no esclarecimento de dúvidas;
- após a breve exposição do debatedor (em torno de 10 minutos), o debate com os treinandos deve ser aberto. O debate é fundamental e a melhor utilização do layout da sala é em círculo;
- é importante programar bem o tempo, considerando a duração do filme e a parte destinada ao debate;
- os pontos debatidos devem ser anotados e, posteriormente, distribuídos para todos. A anotação também será um material importante para o facilitador nas próximas sessões do filme.

4. Seleção de cenas

Sempre que possível, é preferível que o filme seja exibido na íntegra. O cinema é a síntese das artes, o que faz da realização de um filme um trabalho que exige a interação entre todas as pessoas envolvidas, sua trama e as cenas que a compõem.

Por outro lado, sabe-se que, muitas vezes, não há tempo disponível para exibir o filme na íntegra e, em última análise, seria uma perda não aproveitar o potencial de uma determinada cena para enriquecermos nosso treinamento ou ilustrarmos nossas palestras.

Nessas circunstâncias, as seleções de cenas são opções válidas e resolvem em parte a questão desse fator, cada vez mais premente em nossas vidas, que é o tempo. No entanto, se for preciso e o facilitador quiser exibir cenas relacionadas ao tema que está sendo trabalhado, sugerimos a seguir alguns pontos que julgamos importantes ter em mente:

- as cenas selecionadas devem se referir ao tema central do filme. Embora existam filmes onde cenas isoladas possibilitam seu uso em algum outro tema diferente do escopo principal da obra, sua utilização é desaconselhada se ela fugir ao tema central da história;

- o cinema não se realiza em uma produção linear, mas, ao contrário, resulta de um trabalho coletivo e orgânico, exigindo um criterioso empenho de toda a equipe a fim de que a obra acabada tenha seqüências harmônicas e coerentes com o tema originalmente concebido. Assim, ao selecionarmos cenas para utilização em outros temas, precisamos nos certificar de que elas não venham a adquirir um novo sentido, muitas vezes alterando a concepção formulada pelos realizadores do filme. Em outras palavras, e levando o assunto para um outro campo, é como se um parágrafo de um texto, colocado em outro contexto, viesse a alterar o sentido do que pretendíamos dizer;

- outro ponto importante é que determinados filmes só podem ser exibidos na íntegra a fim de não comprometer a mensagem que os realizadores quiseram transmitir. São filmes com cenas e diálogos que se intercalam uns com os outros, e cujos personagens vão transmitindo ao espectador ao longo do desenvolvimento da história suas personalidades e motivações, que somente a visão de forma contínua e total do filme permite expressar uma abordagem completa e detalhada da mensagem.

Com as considerações anteriores, listo algumas sugestões, que procuro seguir, no caso da exibição isolada de cena ou cenas ligadas ao tema principal do filme:

- assistir previamente ao filme na íntegra;
- verificar se os temas que serão abordados estão relacionados diretamente ao objetivo central, ao espírito ou à mensagem do filme;
- descrever para os participantes uma boa sinopse do filme, acrescida de outros dados que possam ajudar na compreensão da obra;
- assegurar-se de que todos entenderam do que trata a história;
- fazer uma descrição de cada cena que será exibida;
- exibir a cena e debater com o grupo os aspectos que ela aborda e sua transposição para o dia-a-dia das organizações;
- procurar sempre relacionar os temas debatidos com o escopo principal do filme.

5. Utilização de curtas-metragens

Uma outra opção, nos casos em que o tempo destinado ao treinamento for muito reduzido, é a utilização do curta-metragem. Devido à limitação do tempo de duração, ele costuma ser muito criativo e é alternativa válida para os casos em que o fator tempo for um dos itens a serem considerados no programa. Na prática, o formato raramente excede vinte minutos, mas há curtas com dez, seis e até um minuto, muitas vezes com mensagens tão fortes e apropriadas quanto aquelas contidas em filmes de duas ou três horas.

Quero lembrar que os curtas-metragens nasceram com o cinema desde o fabuloso invento dos irmãos Lumière, embora eles tivessem uma concepção diferente do que denominamos e entendemos hoje. Na época, prevaleciam mais as limitações tecnológicas do que a opção estética.

Durante algum tempo, o curta foi igualmente um laboratório mais acessível para o experimental e para a animação, bem como para os filmes educacionais, científicos e de vanguarda. Além de se constituir, muitas vezes, em um ensaio para futuros diretores de longas-metragens exercitarem o seu aprendizado.

Hoje, o curta-metragem é considerado um formato específico, com narrativa breve, independente e de expressão própria, e totalmente desvinculado da necessidade de ser o primeiro passo para a realização de um longa-metragem.

O curta constitui, ainda, um exercício de linguagem cinematográfica como opção narrativa e divulgador de novas estéticas dos filmes, refletindo as múltiplas tendências do pensamento e das linhas de desenvolvimento do cinema tanto quanto as linhas do longa, e ainda com possibilidade ilimitada de experimentação e em um universo rico e extremamente promissor. Decorre daí o fato de alguns diretores premiados internacionalmente o elegerem para sua forma de expressão cinematográfica permanente.

Se você ainda não tem familiaridade com o formato, veja, no Capítulo 4 – Curtas-metragens –, sugestões de cinco curtas-metragens, que podem ser assistidos no site www.portacurtas.com.br.

Os filmes podem igualmente ser adquiridos no próprio site, que envia para os interessados um termo de licenciamento contendo as instruções para finalizar as compras. Deve-se consultar o site sobre a disponibilidade dos filmes, já que pode haver variação quanto a isso.

Tenha sempre em mente que, ao assistir aos filmes, você está trazendo seu olhar de espectador e espectadora, pois é na sua visão e interpretação que eles se completam. Ao assisti-los, você também incorporará seu arcabouço cultural e a sua vivência, fazendo com que o resultado seja um todo rico e harmônico que somente o agrupamento do conhecimento pode proporcionar.

6. Dúvidas e/ou questões que podem ocorrer

Quanto à Diferença entre a Utilização do Cinema e o Vídeo Instrucional

Ambos têm o seu espaço, dependendo do objetivo específico do treinamento. O vídeo instrucional, normalmente, é feito sob medida para um determinado tema.

Os filmes feitos para o cinema podem propiciar uma verdadeira situação de laboratório de treinamento pela intensidade com que os fenômenos são abordados, bem como pelo interesse que geralmente despertam.

Quanto ao Envolvimento do Grupo

Hugo Munsterberg, em The Film: a Psichological Study, considera o cinema como um processo mental em que o espectador recria o enredo a partir do seu sistema de crenças. Ou seja, os sentimentos não são expressos diretamente pelo filme, mas resultam da reação do espectador, nascem de seus valores, de seus padrões, de seus condicionamentos, de sua história de vida. É por essa razão que, às vezes, uma determinada cena pode emocionar profundamente algumas pessoas e a outras, não.

Ademais, o cinema proporciona um envolvimento psicológico, fazendo com que as pessoas mergulhem no tema que está sendo mostrado. Por isso, de modo geral, as pessoas tendem a prestar muita atenção quando o cinema é utilizado em programas de treinamento.

Quanto à Contribuição para Melhoria do Resultado do Treinamento

A sessão cinematográfica pode contribuir para melhoria dos resultados do treinamento por uma série de motivos. Dentre eles, porque propicia uma participação mais ativa, ocasiona maior integração, exercita o trabalho em equipe, estimula a criatividade e possibilita o surgimento de novas idéias durante o debate.

Quando e com Quem Utilizar

Qualquer grupo pode participar de um treinamento com a utilização do cinema. Os tópicos e a seleção dos treinandos vão depender dos objetivos do treinamento e dos temas que têm a ver com esse objetivo. E o cinema é um instrumento riquíssimo para isso.

Quanto às Dificuldades que Podem Surgir

As dificuldades e os eventuais percalços são os mesmos que acontecem com a utilização de outras metodologias. Mas, com base na experiência que temos tido, podemos enumerar algumas mais específicas.

- na utilização do cinema em treinamento e desenvolvimento, o ideal é a exibição do filme todo. Isso, muitas vezes, esbarra no problema do tempo. Os filmes têm, em média, entre 1h40 e 2 horas; deve-se procurar evitar películas mais longas, mas, caso necessário, é importante considerar o acréscimo de tempo destinado ao debate. Nesse aspecto, é importante atentar também para a versão do filme que será utilizado. Há filmes com várias edições, o que faz com que a duração varie de acordo com a montagem realizada. Por exemplo, o filme 2001, uma Odisséia no Espaço, de Stanley Kubrick, tem edições com 139 e com 156 minutos;

- outra questão acontece com alguns tipos de filmes que abordam temas interessantíssimos para o treinamento, mas muitas vezes trazem cenas fortes de sexo, nudez e violência. Sem nenhum puritanismo ou espírito de censura, não devemos esquecer que estamos realizando uma sessão de treinamento, normalmente em uma empresa ou em uma universidade. Assim, é importante considerar esses aspectos;

- outra situação que pode acontecer – essa mais rara – é a perda do controle da turma. É importante que o profissional que está coordenando a sessão esteja apto a lidar com situações muitas vezes não muito agradáveis que podem surgir em decorrência da força do tema ou do debate após o filme.

Quanto à Motivação do Grupo

O aquecimento e a motivação do grupo são fundamentais. Mas se houver possibilidade de exibir o filme inteiro – e ele estiver perfeitamente adequado ao tema que será debatido –, o próprio filme envolverá os treinandos (espectadores) e, ao final, eles estarão prontos para a troca de idéias e experiências. Como foi dito anteriormente, o cinema é propício a uma experiência compartilhada.

Quanto aos Pontos Positivos

Além dos já enumerados, acresce considerar que os profissionais de gestão de pessoas são hoje mais do que nunca agentes de transformação. E o cinema, como área cultural e social, é também um campo de mudança. Além disso, para toda a cadeia produtiva de uma empresa – colaboradores, clientes, investidores, comunidade –, há filmes específicos para serem usados.

Cumpre também lembrar que, em grande parte, os filmes são realizados com os melhores profissionais da área, ou seja, diretor e atores experientes, roteirista competente, fotógrafos de talento, enfim, uma equipe que, normalmente, conhece a melhor forma de desenvolver um tema que motive e envolva o espectador.

Quanto aos Pontos Negativos

Os aspectos negativos poderão acontecer se a metodologia – como qualquer outra – não for utilizada de forma adequada.

Quanto à Utilização de Outras Metodologias Similares

Desde que utilizadas de acordo com o objetivo do treinamento e com os resultados que se pretende alcançar, podem ser extremamente produtivas.

Assim, além do cinema, há espaço, por exemplo, para o teatro, para a novela, para a música, para os jogos, para as histórias em quadrinhos.

7. Análise sobre os temas que podem ser utilizados

No mundo globalizado e competitivo em que vivemos, cada vez mais são exigidas novas competências, atitudes e comportamentos dos gestores de pessoas. Conhecer o negócio da empresa, antecipar o que vai acontecer e o impacto que causará à organização, implementar estratégias de desenvolvimento para um público cada vez mais global e culturalmente diversificado e incentivar uma cultura de integridade valorizada pela ética e pela confiança são competências essenciais que se espera dos gestores hoje.

Conceitos como ética – até meados do século passado, restrita às aulas de filosofia e aos compêndios sobre o tema – têm, atualmente, uma dimensão quase imensurável. Sem dúvida, ética nos dias que correm é uma das palavras mais usadas nas organizações, nas palestras e na mídia. Já não se compreende uma empresa que não a incorpore em seus valores básicos. Ética e responsabilidade corporativa para com a comunidade passaram a ser fatores primordiais na forma como as organizações são vistas e avaliadas pelos seus clientes e pelo público em geral.

Inúmeros aspectos relacionados com o tema podem ser ilustrados através da análise de vários filmes que discutem situações relacionadas com a questão e os desdobramentos que posturas não-éticas podem ocasionar, como é demonstrado brilhantemente em O Sucesso a Qualquer Preço (James Foley), A Chave do Sucesso (John Swanbeck) e O Informante (Michael Mann).

No aspecto da responsabilidade social, pelo menos dois filmes aqui analisados – A Qualquer Preço (Steven Zaillian) e Lições de Vida (Gregg Champion) – destacam a importância de as organizações pautarem sua atuação pelo equilíbrio com o meio ambiente, o exercício da cidadania e a ética.

Por outro lado, as pessoas passaram a adotar novos estilos de vida, atitudes, valores e motivações. De uns tempos para cá, até o conceito "trabalhar para viver" – utilizado como uma evolução do ultrapassado "viver para trabalhar" – tem sido questionado. Muito mais hoje, as pessoas querem viver enquanto estão trabalhando.

O sentido da vida passou, assim, a ter uma dimensão muito maior, levando as pessoas a se questionarem se a forma como estão vivendo está trazendo o retorno que cada uma desejaria para sua existência. Hoje e no futuro que se aproxima, certamente, será cada vez mais difícil encontrar personagens como o retratado no filme Viver (Akira Kurosawa), que, só após descobrir que era portador de um mal incurável, despertou para a mediocridade que tinha sido sua vida até então. Passou assim a questionar os próprios valores e a buscar um novo objetivo que desse sentido à sua vida, realizando um radical processo de mudança. Ou também o personagem retratado em As Confissões de Schmidt (Alexander Payne), que aborda o mesmo tema através do balanço que um homem faz de sua vida quando chega o momento de sua aposentadoria.

Aliás, no aspecto relacionado com as mudanças e seu impacto nos seres humanos, sem muito risco de errar, poderia ser dito que a maioria dos filmes indicados neste livro pode ser analisada sob o enfoque relacionado com o tema. O próprio cinema é uma arte em constante mutação.

Mas não apenas no cinema como também em quase todas as áreas de atividade humana, a taxa que mede as mudanças vem dobrando a cada década. Diversas áreas são questionadas e instigadas a mudar suas formas de agir. Entre elas, instituições outrora sólidas e aparentemente imutáveis, como a família e a Igreja, já não conseguem mais sobreviver com os mesmos paradigmas de pouco tempo atrás, um fato que pode ser visto com muita clareza nos filmes Filhos do Paraíso (Majid Majidi) e O Chamado de Deus (José Joffily).

Nas organizações, o desafio das mudanças se renova a cada dia, exigindo dos gerentes novas posturas e novas formas para conduzir os processos que levam às mutações. Certamente, nenhuma terá sucesso se não contar com o comprometimento de todos os envolvidos, como é visto, por exemplo, em Spotswood, o Visitante Inesperado (Mark Joffe).

Da mesma forma que o tema relacionado com mudanças, os assuntos ligados à condição humana são abordados, de uma forma ou de outra, em todos os filmes, conforme alguns exemplos citados a seguir: a complexidade e heterogeneidade do ser humano (Edifício

Master), os personagens anônimos que fazem a história (Nós que Aqui Estamos por Vós Esperamos), o preconceito (O Closet), as drogas (Meu Nome é Joe), relacionamentos (O Filho, Desafio no Bronx), o sentido da vida (Viver, As Confissões de Schmidt), as diferenças individuais (Doze Homens e uma Sentença).

Doze Homens e uma Sentença, por sinal, além de debater exaustivamente a singularidade de cada ser humano, é também um estudo profundo sobre o comportamento de grupos e fatores que influenciam o processo decisório.

O Trabalho em Equipe

Ao trazer temas como esses para as organizações, o cinema mostra-se extremamente rico em filmes que abordam aspectos relacionados com o funcionamento de grupos e, ainda, a importância do trabalho em equipe.

É sabido que grupos podem produzir mais do que indivíduos isoladamente. No entanto, o trabalho para transformar um grupo em uma equipe integrada, muitas vezes, é difícil e exige bastante tempo.

Uma tese interessante é proposta por Ichak Adizes quando indica quatro habilidades básicas por parte dos membros da equipe para que o grupo possa funcionar. Segundo ele, é necessário um produtor (para realizar), um administrador (para planejar e organizar), um empreendedor (responsável pela resolução criativa dos problemas) e um integrador (que vai transformar os objetivos individuais em objetivos grupais).

A diferença fundamental está na importância de desenvolver equipes eficazes em vez de simplesmente gerenciar indivíduos. Para isso, é necessário que o gerente fique atento a alguns princípios básicos, como: conectar o grupo com o negócio e com a organização; compartilhar experiências e tirar proveito da diversidade; manter distanciamento, para deixar que o grupo encontre seus líderes naturais; procurar criar laços de solidariedade, tornando mais humanos os frios ambientes regidos cada vez mais pela tecnologia; e, principalmente, perceber o potencial e a função de cada membro no grupo. Sobre este último aspecto, o técnico de basquete interpretado por Gene Hackman em Momentos Decisivos (David Anspaugh) nos deixa uma lição inesquecível sobre as questões do potencial das pessoas e também sobre a liderança. Em diversas cenas desse filme – bem como no clássico Almas em Chamas (Henry King) –, é exaustivamente demonstrado como traços de personalidade e competências essenciais podem determinar o sucesso dos líderes.

Ainda sobre o tema do trabalho em equipe, é importante observar também os estágios normalmente percorridos nas etapas de desenvolvimento de grupos, desde a fase de resolução das diferenças individuais, que possibilitará a atuação como um grupo, até a etapa do entendimento harmônico, que vai permitir o alcance de resultados.

Diversos filmes abordam esse e outros aspectos relacionados com a formação de equipes e comportamento de grupos, como é mostrado de forma magistral nos dois filmes citados, Almas em Chamas e Momentos Decisivos.

Momentos Decisivos traz, ainda, cenas e seqüências que podem ilustrar debates sobre as figuras do *coaching* e do *mentoring* que – a par de todo o desenvolvimento da tecnologia – continuam sendo fundamentais no desenvolvimento das pessoas e na sua busca para atingirem suas metas, sejam empresariais, sejam profissionais ou pessoais.

A Busca de Objetivos

A busca para atingir metas é outro tema importante que pode ser trabalhado por meio do potencial proposto pelo cinema.

Muito se tem falado que a busca para atingir um objetivo começa com um sonho. Inúmeros filmes têm mostrado – alguns baseados em histórias reais – como um sonho pode ser transformado em um objetivo e todos os passos para sua concretização: a elaboração de um plano, a relação do que e quem pode ajudar, a importância de não recusar as surpresas, a necessidade de superar obstáculos e o fator essencial de não diminuir expectativas.

O assunto é ricamente tratado, entre outros filmes, em Rudy (David Anspaugh) – um jovem que saiu em busca de um sonho quase impossível, mas em nenhum momento esmoreceu na sua luta para consegui-lo – e em Tucker, Um Homem e seu Sonho (Francis Ford Coppola) – uma história real mostrando a possibilidade de limites serem transpostos quando se deseja intensamente transformar um sonho em realidade.

São filmes que mostram a saga de uma pessoa lutando por um ideal sem pensar muito nas recompensas que poderia ter, a não ser as trazidas pela realização do próprio sonho.

A Recompensa

As diferentes formas de recompensa – certamente um dos temas mais enfocados em programas gerenciais – podem igualmente ser abordadas com a ajuda de muitos filmes que descrevem situações ligadas direta ou indiretamente com a área.

Neste tópico, preferimos utilizar o termo em um sentido mais amplo já que, no mundo de hoje, cada vez mais o retorno recebido por um trabalho realizado não se liga específica e unicamente a valores financeiros.

Assim, em ambientes onde a hierarquização e o status são hoje menos valorizados, muitos programas voltados para a área vêm enfatizando a importância de distinguir as abordagens tradicionais que tinham o foco no cargo das de hoje que direcionam o foco para as pessoas.

As pessoas, por sua vez, têm que estar preparadas para competir em um mercado em constante mutação e sempre mais exigente. Para isso, é importante o conhecimento de quais competências – técnicas e comportamentais – são necessárias ao seu crescimento.

As pessoas empreendedoras serão aquelas com mais chance de conquistar seu espaço nesse mundo cada vez mais competitivo, principalmente as que conseguirem aliar e integrar o empreendedorismo à estratégia corporativa.

O tema nos remete a outros aspectos relacionados ao trabalho, amplamente abordado pelo cinema. Sua análise através dos filmes pode igualmente ser feita através de vários enfoques, quais sejam: clima organizacional (A Chave do Sucesso); alienação e fragmentação das tarefas (Tempos Modernos); desemprego (A Agenda, Recursos

Humanos); poder (O Informante); responsabilidade social (A Qualquer Preço); assédio moral (O Sucesso a Qualquer Preço) e outros.

Poderíamos citar ainda inúmeros temas abordados nos filmes indicados por este livro, como a aprendizagem e a organização do conhecimento. Em seminários que procuram demonstrar a importância que os líderes e os gestores têm no processo de aprendizagem dentro da organização, o cinema pode ajudar muito na ilustração dos debates em filmes como Sociedade dos Poetas Mortos e Ao Mestre com Carinho.

Comunicação e Criatividade são também temas que fazem parte do dia-a-dia das organizações. Além disso, certamente estão presentes não só nos seus programas de desenvolvimento, como também na vida de cada um de nós, seja como pessoas, seja como profissionais.

O primeiro, pela necessidade de sintonia permanente com o mundo em que vivemos, movido hoje pela Internet, pela tecnologia avançada das telecomunicações e pela globalização.

O segundo pela imperiosa necessidade de alternativas inovadoras principalmente quando as tradicionais não atendem mais aos anseios das novas circunstâncias.

Um exemplo interessantíssimo para trabalhar criatividade vem de um filme mudo de 1925, Body and Soul, não propriamente pelo filme em si, mas como demonstrado no texto relativo a ele, pela solução extremamente criativa encontrada pelo diretor Oscar Micheaux para salvar seu filme quando teve seu trabalho censurado e impedido de ser levado a público.

Não poderíamos deixar de mencionar igualmente a gama de temas relacionados com os aspectos ligados à cultura. Cada país, cidade, comunidade, organização e grupo social tem uma cultura única formada pela história, pelos valores, pelos padrões e pelos condicionamentos de seus membros.

Isso faz com que no dia-a-dia de nossas vidas como pessoas e profissionais nos confrontemos com muitos fatores ligados à capacidade de adaptação e de flexibilização, às mudanças organizacionais, ao choque cultural, à revisão de processos, ao fortalecimento de padrões culturais, à multifuncionalidade e muitos outros fatores que o cinema tem mostrado ao longo de sua existência nesses cento e tantos anos.

Muitos filmes sugeridos aqui podem trabalhar o tema da cultura, conforme os textos que acompanham sua indicação, casos de Filhos do Paraíso, Nenhum a Menos, Eu Tu Eles e outros.

Por último, torna-se necessário citar, ainda, os temas relacionados com a tecnologia e sua enorme influência na determinação do futuro, não apenas das organizações, mas igualmente nas nossas vidas como profissionais e pessoas. O cinema é pródigo em filmes para trabalhar o tema, como Matrix Reloaded e os outros da série Matrix e 2001, uma Odisséia no Espaço, que, entre outras coisas, nos mostra a importância de o desenvolvimento tecnológico ser acompanhado da mesma forma pelo desenvolvimento do ser humano.

A tecnologia, por sua vez, deverá ser vista como usina de vida, e não como um fator maléfico e desagregador dos seres humanos. Previsões acenam para a existência de uma força de trabalho mais diversa em que atitudes, valores, estilos de vida e motivações terão um papel cada vez maior.

Nesse novo mundo onde a competição global igualmente só terá sentido se for acompanhada de uma cooperação também global, o próprio treinamento, objeto e razão deste trabalho, será, então, muito mais visualizado como oportunidade de aprendizado e disseminação do conhecimento.

Dessa forma, a utilização do cinema como metodologia de desenvolvimento – pela possibilidade de as pessoas aprenderem em conjunto – pode, certamente, vir a ser uma dessas oportunidades.

Como diz muito sabiamente Peter Senge em A Quinta Disciplina: "O aprendizado em grupo oportuniza às pessoas enxergar para além de suas perspectivas pessoais".

8. História do Cinema

Para melhor conhecimento do cinema e sua visualização como arte e ferramenta cultural, achamos importante incluir um breve resumo sobre a história do cinema e o seu desenvolvimento nesses cento e poucos anos.

O cinema nasceu na França – precisamente no dia 28/12/1895 – com a primeira exibição de filmes para o público. Isso aconteceu no Salão Indien do Grand Café de Paris, quando 35 pessoas pagaram um franco cada uma para assistir à primeira projeção oficial do que então era chamado cinematógrafo, em uma sessão organizada pelos Irmãos Lumière.

O programa era formado por filmetes – filmes curtos –, entre eles, aquele que é considerado o primeiro filme do cinema, A Saída dos Operários da Fábrica Lumière, e o famoso A Chegada do Trem na Estação de Ciotat que, segundo a lenda, assustou os espectadores. A imagem do trem avançando fez com que muitos se escondessem embaixo dos bancos.

Conta-se também que George Meliès quis comprar a invenção e Louis Lumière lhe disse que "ela poderia ser explorada durante algum tempo como uma curiosidade científica, mas fora disso não tinha futuro". Na verdade, estava nascendo uma das mais poderosas indústrias do século.

Usando os recursos de uma arte próxima – o teatro –, o cinema aprendeu a contar uma história.

O pioneiro George Meliès passou a utilizar argumento, atores, cenários e divisão de cenas: assim, surgia a nova arte do cinema, nessa época ainda muda e com muitos filmes acompanhados ao piano.

Esse período do cinema "silencioso" revelou alguns dos maiores diretores da história do cinema, como D.W. Griffith – que com Nascimento de Uma Nação criou, através de cortes entre cenas paralelas em desenvolvimento, uma linguagem própria; Sergei Eisenstein – que aprimorou com cortes rápidos e um novo ritmo de montagem essa linguagem cinematográfica: Charles Chaplin com seus inesquecíveis Luzes da Ribalta, O Circo e O Garoto; bem como diversos atores, como Buster Keaton, Max Linder, Rodolfo Valentino, Theda Bara, Pola Negri, Tom Mix e outros, que elevaram a popularidade do cinema a níveis jamais vistos.

Na Europa, surgem movimentos que renovariam a linguagem e a estética cinematográfica. Entre eles, o Expressionismo Alemão foi sem dúvida o mais importante, junto com o chamado Cinema Revolucionário Soviético.

Em 1919, Robert Wiene, ao lançar seu filme O Gabinete do Dr. Caligari, iniciava também o movimento expressionista, logo seguido por obras-primas como O Golem, de Paul Wegener; Nosferatu, de F.W. Murnau; e Dr. Mabuse, de Fritz Lang. Baseado em efeitos de luz e sombras, ângulos extremos e rotações de eixo da câmera, interpretações extremadas e exageradas dos atores e o uso de sets de filmagem de construção incomum que possibilitavam as tomadas altamente estilizadas da estética expressionista, o novo cinema alemão refletia a angústia e o ambiente opressivo do pós-guerra na Alemanha. Tratava-se, pois, de uma manifestação artística autenticamente coletiva, no sentido psicossocial.

Em 1927, precisamente no dia 6 de outubro, o som chegou ao cinema no Warner's Theater, em Nova York, com a exibição de o Cantor de Jazz, filme no qual pela primeira vez os espectadores ouviram um diálogo entre os atores.

O filme de Alan Crosland assinalou o início de um desafio que os realizadores teriam pela frente para conviver com a nova tecnologia. Muitos cineastas resistiram à chegada do som. Charles Chaplin foi um dos maiores exemplos: oito anos após o nascimento do cinema sonoro, Chaplin ainda resistia e realizou um filme quase mudo, Tempos Modernos, que acabou sendo uma das obras-primas do cinema. Mas o seu Carlitos não resistiria ao som e Chaplin sabia disso.

No Brasil, Mário Peixoto, influenciado pela vanguarda européia, realiza Limite, considerado um marco e um filme extremamente avançado para a época.

A partir dos anos 1930, o cinema sonoro começa a se consolidar nos Estados Unidos: surgem os grandes estúdios e são realizados grandes clássicos do cinema, como No Tempo das Diligências, E o Vento Levou, O Mágico de Oz, Beau Gest. Na Inglaterra, Alfred Hitchcock cria o filme de suspense, trazendo o espectador para cúmplice de suas tramas.

Os anos 1940, por sua vez, são marcados pelos filmes de gangster e um estilo que dominou a década, o cinema noir. Nessa década, precisamente em 1941, surge Cidadão Kane, um filme que inova os conceitos de planos, fotografia, *flashback* e profundidade de campo.

É considerado também um marco e para muitos o maior filme de todos os tempos. Em 1945, Roma Cidade Aberta, de Rosselini, o primeiro filme neo-realista, vai ter uma grande influência nos filmes realizados em todo o mundo.

Nos anos 1950, o mundo se encanta com os grandes musicais da Metro (Cantando na Chuva, Sinfonia em Paris), os grandes épicos e com faroestes antológicos, como Rastros de Ódio, Shane, Matar ou Morrer e Johnny Guitar.

Essa época assinalou, no Brasil, a grande fase das chanchadas, com os hoje clássicos Aviso aos Navegantes e Carnaval no Fogo, por exemplo. No final dessa década, surge, na França, a Nouvelle Vague (com os filmes – marcos do movimento, Acossado, de Jean-Luc Godard, e Os Incompreendidos, de François Truffaut). Esse movimento, juntamente com o neo-realismo italiano, vai ter uma grande influência no cinema em todo o mundo: no Brasil, vai ser o grande inspirador do Cinema Novo, com os filmes Rio, Quarenta Graus, de Nelson Pereira dos Santos; e Deus e o Diabo na Terra do Sol, de Glauber Rocha.

A partir da década de 1950 – mais precisamente em 1953 –, a crescente popularidade da televisão obriga o cinema a buscar novos recursos tecnológicos para atrair o público. Surgem o 3-D, o Cinerama e o Cinemascope.

No final da década de 1950 e início dos anos 1960, a revolução sexual, a rebeldia juvenil e a Guerra Fria provocaram muitos filmes de contestação dos valores tradicionais – como Juventude Transviada, Dr. Fantástico, Lolita, A Primeira Noite de um Homem, Rocco e seus Irmãos, A Doce Vida, Sem Destino – filme que cria o gênero dos *road movies* e traz os *cowboys* para o asfalto, em uma época em que os grandes faroestes e musicais do cinema americano começam a perder o seu espaço. No final da década, em 1968, Stanley Kubrick realiza o seu antológico 2001, uma Odisséia no Espaço, até hoje a obra-prima da ficção científica.

Os anos 1970 assinalam o início da decadência do domínio absoluto dos grandes estúdios e o início das grandes corporações. E também marcam o surgimento dos primeiros vídeos: a partir de então, os clássicos do cinema podiam ser vistos e revistos em casa.

A década de 1970 destaca, ainda, o lançamento da famosa trilogia de Francis Ford Coppola, iniciada com o Poderoso Chefão. Vindo da Itália, outro grande diretor da década, Sérgio Leone, realiza duas obras-primas: Era uma Vez na América e Era uma Vez no Oeste. Este último reinventou o gênero faroeste.

George Lucas e Steven Spielberg revolucionam o campo dos grandes efeitos especiais. Guerra nas Estrelas, ET, Contatos Imediatos de 3º Grau e a série Indiana Jones dão uma nova dimensão ao cinema. A computação gráfica começa a surgir, então, como a grande aliada desses gêneros cinematográficos.

No final da década de 1970, começa a se consolidar o chamado cinema independente – realizado fora dos grandes estúdios, com baixo orçamento, criativos e com estéticas inovadoras. Em 1982, Blade Runner, o Caçador de Andróides, de Ridley Scott – que foi considerado o filme da década –, estabelece outro marco para os filmes de ficção científica, com a sua atmosfera sufocante e os inesquecíveis replicantes.

A partir de 1984, a TV a cabo vem fornecer um novo canal de distribuição para o cinema. Os anos 1990 são marcados pelo intenso uso da tecnologia digital nos dinossauros de Jurassic Park (93) e pela estética da violência de John Woo, Quentin Tarantino e outros, radicalizando o estilo do grande diretor americano Sam Peckimpah.

Ao se aproximar o limiar do novo século, surge o DVD e muitas inovações estéticas e de linguagem são propostas para o cinema: a do inglês Peter Greenaway, a do Dogma 95, surgida na Dinamarca, a do cinema iraniano, uma forma simples e comovente de narrar filmes. Aqui no Brasil, busca-se a diversidade envolvendo as diversas culturas regionais brasileiras.

O cinema americano parte cada vez mais para os efeitos especiais e recursos digitalizados de última geração. O cinema vai para a Internet. A palavra de ordem passa a ser o audiovisual – e não mais somente cinema – tendo em vista que o conceito de multimídia envolve todas as possibilidades: cinema, televisão, vídeo, DVD, Internet, computação gráfica e muitas outras inovações que o desenvolvimento constante da tecnologia anuncia para breve.

Capítulo 2

O Filme Como Objeto
de Análise e Debate

O Desemprego sob a Ótica do Cinema

*A Agenda aborda a desilusão
de um homem que acaba de ser demitido*

O tema do desemprego tem aparecido com bastante freqüência nas telas e começa a fazer parte constante da pauta dos cineastas em todo o mundo. Afinal, muitos diretores são intelectuais que utilizam o cinema para fazer com que as pessoas reflitam sobre as questões fundamentais que, de uma forma ou de outra, nos afetam.

Um exemplo clássico surgiu ainda no longínquo 1927, quando Chaplin estreou o seu genial Tempos Modernos, satirizando os males da industrialização como um fim em si só, além da alienação do trabalho e seus efeitos no ser humano.

Em 1999, os irmãos belgas Luc e Jean-Pierre Dardenne realizaram Rosetta, uma denúncia poderosa sobre como a perda do emprego afeta as pessoas, as suas famílias e a sociedade. O sisudo júri do Festival de Cannes não resistiu e deu o prêmio de melhor filme para Rosetta, que levou também o Prêmio Especial do Júri Ecumênico pelo caráter humanista da obra. O inglês Ken Loach vem igualmente expressando as mesmas idéias na sua obra em filmes como Meu Nome é Joe e The Navigators, um drama sobre ferroviários na Inglaterra ameaçados de desemprego.

O francês Laurent Cantet é outro diretor que vem especializando-se no tema, como mostra no filme A Agenda (L'Emploi du Temps), premiado no Festival de Veneza na Mostra Cinema do Presente.

Desde o seu primeiro longa, Recursos Humanos (Ressources Humaines) – um estudo sobre a política de RH na França –, Cantet demonstrava seu talento ao observar como as normas rígidas, desumanas e procedimentos inadequados podem afetar, e até anular para sempre, as pessoas no cotidiano do seu trabalho. No filme, um estagiário contratado para trabalhar em uma empresa acaba sendo indiretamente um dos responsáveis pela demissão de seu próprio pai, antigo funcionário da fábrica.

Esse seu segundo filme, inspirado em fatos reais, é uma história impressionante sobre o desespero de um homem comum, essencialmente bom e sensato, que passa a ser dominado por atos absurdos e a enganar a si próprio quando perde o seu emprego.

Aurélien Recoing, em ótimo desempenho, é Vincent, que se sente como se acabasse de perder seu ancoradouro. Demitido de uma empresa depois de 11 anos de trabalho, incapaz de confessar a verdade para sua família, ele passa os dias ao volante do seu carro dirigindo pela região, falando nervosamente ao celular e percorrendo furtivamente edifícios de escritórios. À medida que ele anda pelas salas onde pessoas estão ocupadas trabalhando, os espectadores vêem um homem que procura não um novo trabalho, qualquer trabalho que seja, mas sim um lugar no mundo. Para isso, ele não hesita em enganar a família e os amigos e até a passar por cima de valores éticos na sua luta para sobreviver.

De início, essa pantomima sobre o trabalho parece triste e patética; lentamente, porém, ela se torna um drama terrível. A busca de "um lugar no mundo", por sinal, era também um dos brados de Rosetta, no filme de Luc e Jean-Pierre Dardenne quando dizia: "Eu preciso de um emprego para me sentir uma pessoa normal e voltar a fazer parte deste mundo".

Cantet, um homem tranqüilo, diz que, ao abordar temas ligados ao mundo do trabalho nos seus filmes, procura ser mais uma voz para mostrar como determinadas práticas nas relações de emprego e no mundo das organizações – muitas levando a um clima insustentável e ao desemprego – podem afetar pessoas, suas famílias, suas vidas e influir na sociedade.

Classificando-se também como um trabalhador que exerce seu ofício através do cinema, Cantet busca pesquisar o que o trabalho significa para cada pessoa e como ele pode influir na construção de sua personalidade. Por isso, procura sempre trabalhar com amadores, a fim de que eles passem sua vivência para os personagens. Nesse filme, apenas o casal central foi interpretado por atores profissionais.

Vincent é inspirado em um personagem real, em histórias colhidas em páginas de jornal e em depoimentos de pessoas. Cantet faz questão de ressaltar que, embora Vincent seja francês, poderia ser um americano ou um brasileiro. No mundo globalizado em que vivemos, o problema que acontece nas relações no trabalho é universal. Talvez por isso, em todos os lugares por onde passou, o filme foi bem recebido, pois as pessoas se vêem ou se identificam com o personagem.

Para Cantet, existe toda uma ética relacionada com o mundo do trabalho e também com o desemprego. Vincent é um homem dividido entre essa ética – que o faz sentir "culpado" por estar desempregado, sofrendo a opressão e a marginalização por parte da sociedade – e que caminhos vai buscar para conviver com o fato e tentar resolver esses conflitos.

Lembrando que só quem está desempregado, ou já passou por isso, sabe o real significado dessa situação, o diretor explica que seu principal objetivo é mostrar que o trabalho pode ser uma coisa maravilhosa, uma auto-realização, mas também uma forma de escravidão, de perda da dignidade e até de anulação do ser humano.

Em A Agenda, Cantet resume como um indivíduo pode muitas vezes ficar impotente e isolado diante da máquina que rege o trabalho, das pressões e até renunciar aos seus sonhos. Ao fazer uma denúncia através do personagem de Vincent, tem o cuidado, no entanto, de não realizar juízos de valor sobre seu comportamento. Acima de tudo, busca mostrar que seu tema principal de reflexão é o ser humano.

Temas:

Assédio moral, clima organizacional, ética, desemprego, sobrevivência no trabalho.

Sugestões para o Debate:

1. Sugerimos um debate em torno das seguintes questões:

    - o procedimento adotado por Vincent para conviver com – e tentar resolver – o problema em que se encontrava;
    - o conceito de resiliência (oriundo da física), ou seja, a capacidade de enfrentar ou se adaptar a determinadas situações, sem perda da integridade;
    - o desemprego e suas conseqüências para a sociedade e qual a responsabilidade das empresas, principalmente a da área de gestão com pessoas;
    - o lado perverso da globalização, que vem aumentando consideravelmente o número de desempregados da população economicamente ativa mundial.

2. Com o filme em mente, pedir aos participantes que indiquem exemplos de situações semelhantes que tenham tido conhecimento em sua vida pessoal ou profissional.

3. Fernando Pessoa disse em uma de suas poesias: "Pedras no caminho? Guardo todas, um dia vou construir um castelo...". O poema do poeta português pode ser uma boa inspiração para debater como situações de crise têm condições de gerar crescimento.

Ficha Técnica:

Título original: L'Emploi du Temps
Título da tradução brasileira: A Agenda
Ano: 2001
País: França
Diretor: Laurent Cantet
Roteiro: Laurent Cantet
Fotografia: Pierre Milon
Música: Jocelyn Pook
Edição: Robin Campillo
Ator principal: Aurélien Recoing
Gênero: Drama
Duração do filme: 132 minutos

Almas em Chamas

*Um exemplo da importância da dimensão
emocional no estudo da liderança*

Almas em Chamas (Twelve O'Clock High), se for classificado somente pelo gênero, é um filme de guerra. Feito apenas quatro anos após o fim da Segunda Guerra Mundial, narra as incursões militares do Grupo 918, de uma base aérea americana utilizada para operações de bombardeio na Alemanha.

Mas esse clássico de Henry King é muito mais do que simplesmente um filme de guerra. Em uma trama forte e firme, o diretor retrata um drama sobre o estresse, tanto físico quanto emocional, resultante do esforço máximo, dia após dia. Além disso, é um poderoso estudo sobre estilos de liderança e de como a dimensão emocional ainda é pouco levada em consideração nas situações em que líderes precisam se confrontar com embates emocionais diários e, muitas vezes, agravados por momentos em que altos riscos necessitam ser assumidos.

O filme começa mostrando um homem já envelhecido, Harvey Stovall, visitando um campo de aviação desativado, tomado pela vegetação. Ao olhar para o céu, sua memória remonta a 1942, quando os esquadrões de bombardeio estão retornando de suas missões na Alemanha.

A partir daí, o filme mostra o Grupo 918 sob o comando do Coronel Keith Davenport (Garry Merril), um homem afável que lidera os seus comandados com base na amizade pessoal. Mais preocupado com a saúde e com o bem-estar dos soldados (após uma sucessão infindável de missões perigosas de bombardeio, o esquadrão está à beira de um ataque de nervos), ele se mostra incapaz de atingir o nível de eficiência que seus superiores esperavam dele. O seu esquadrão, sintomaticamente, era aquele que tinha o maior número de perdas de aviões entre todos os grupos americanos baseados na Inglaterra.

Davenport é, então, substituído pelo General Frank Savage (Gregory Peck), um profissional experiente que, logo após assumir o comando, tenta reimplantar a rígida disciplina militar, afrouxada pelo seu antecessor: imediatamente, corta os passes de folga de três dias, fecha o bar da base, exige receber continência de todos e os obriga a estarem uniformizados de forma apropriada. Implanta um exaustivo programa de treinamento prático, que aumenta ainda mais a tensão e o cansaço físico dos seus subordinados. A maioria dos pilotos reage e pede transferência.

No entanto, é um jovem piloto supercondecorado, o tenente Bishop (Bob Patten), quem consegue convencer os seus colegas a ficarem. Comovido pela demonstração de unidade de seus homens, o General Savage, por sua vez, vai se tornando cada vez mais amistoso a ponto de vir a identificar-se com seu grupo mais ainda do que o seu predecessor.

Sem a preocupação de utilizar o cinema como propaganda da guerra – que enchia as telas no período em que ela se desenvolveu –, o filme não procura enaltecer aspectos ligados ao heroísmo exacerbado e tantas vezes irreal. Ao contrário, mostra como os guerreiros eram vulneráveis: o personagem de Savage é mostrado como um homem na sua inteireza humana, com emoções reais, receios e inadequações. Como são os seres humanos, sejam eles gerentes, líderes ou comandados.

O filme é inspirado em um personagem real, o General Frank Armstrong, que teve um colapso nervoso quando liderava o primeiro ataque aéreo à Alemanha nazista na Segunda Guerra Mundial.

Gregory Peck tem nesse filme um dos melhores desempenhos de sua carreira, mas a figura central é o Major Stovall, por quem, através de suas recordações, a história é contada. Militar experiente e introspectivo, ele foi amigo e assistente tanto de Davenport quanto de Savage e o grande responsável por manter unido, através de sua influência positiva, o Grupo 918.

Além das boas atuações, o filme conta, ainda, com a maravilhosa fotografia em preto-e-branco de Leon Shamroy e tem o que é considerada a melhor seqüência de ataques aéreos até hoje colocada em um filme.

Para nós, gerentes e profissionais de recursos humanos, o filme ilustra com grande eficácia uma teoria, propagada aos quatro ventos, mas muito pouco utilizada na prática: embora esperemos que os líderes consigam motivar e obter relações produtivas das suas equipes, em sinergia com os objetivos estratégicos da empresa, muitas vezes, não levamos em conta que eles são seres humanos vulneráveis, sujeitos e afetados pela dimensão emocional presente em cada um de nós.

Temas:

Assédio moral, abuso de poder, busca de objetivos, clima organizacional, comportamento de grupos, conflito, desafio, ética, trabalho de equipe, liderança, motivação, novos paradigmas, resistência a mudanças, dimensão emocional, pressões, problemas de comunicação, valores.

Sugestões para o Debate:

1. O filme é muito rico e permite diversas leituras, mas as seguintes questões podem ser levantadas para motivar o debate, como, por exemplo:

    - como o Coronel Davenport via os seus comandados e qual o seu estilo de liderança?
    - qual o estilo de liderança do General Savage e que razões fizeram com que ele mudasse a sua forma de agir e adotasse um outro estilo?
    - até que ponto a atitude do Tenente Bishop contribuiu para essa mudança?

2. Pedir para os participantes darem exemplos de situações semelhantes, das quais tenham participado – ou presenciado – nas empresas em que trabalham.

3. Em uma transposição da situação retratada no filme para as organizações, pedir para o grupo debater o que deve ser feito para que os líderes possam administrar o estresse emocional a que são submetidos no dia-a-dia de suas vidas atualmente.
4. Sugerir um debate sobre o Quociente de Adversidade proposto por Paul Stoltz, que mede a capacidade que temos para responder e reagir a situações adversas. Segundo ele, nosso potencial disponível pode ser muito maior do que imaginamos.
5. Pedir para o grupo refletir sobre as lições que o filme pode trazer para nossa vida pessoal e profissional.

Ficha Técnica:

Título original: Twelve O'Clock High
Título da tradução brasileira: Almas em Chamas
Ano: 1950
País: EUA
Diretor: Henry King
Roteiro: Beine Lay Jr., baseado no livro de Sy Bartlett
Fotografia: Leon Shamriy
Música: Alfred Newman
Edição: Bárbara McLean
Atores principais: Gregory Peck, Hugh Marlowe, Gary Merril, Dean Jagger
Gênero: Guerra
Duração do filme: 132 minutos

Você Professor ou Professora, Certamente Já Viu esse Filme

Entre os muitos personagens abordados pelo cinema, a figura do professor é uma das mais lembradas. Inúmeros filmes já mostraram histórias tendo como cenário as salas de aula e os relacionamentos entre professores, alunos, pais e comunidade de um modo geral. Três deles, no entanto, destacam-se: já se tornaram clássicos do cinema e, por terem sido realizados em décadas diferentes, tiveram como pano de fundo circunstâncias e épocas diversas. Assim, mostram várias formas da relação professores/alunos.

Sementes da Violência (The Blackboard Jungle), de Richard Brooks, passa-se exatamente na época em que foi feito (1955) e tem como cenário a delinqüência juvenil, uma forte característica do fim dos anos 1950 e início dos 1960.

A trama é sobre um professor, interpretado por Glenn Ford, que no seu primeiro emprego em uma escola do centro da cidade de Nova York entra em conflito com um grupo de estudantes de sua classe, na verdade uma gangue de marginais. O filme é duro ao expor as tensões sociais e os valores da década e a obstinada luta do professor idealista para tentar recuperar os alunos.

Ao Mestre, com Carinho (To Sir, With Love), de James Clavell, bem diferente do violento Sementes da Violência, é muito sentimental e seu sucesso surpreendeu até os executivos da Columbia, que distribuíram questionários para tentar descobrir por que as pessoas gostaram tanto dele.

O filme, de 1967, narra a história de um engenheiro, personagem de Sidney Poitier, que, por ser negro, não encontra emprego no seu campo e aceita o lugar de professor em um ginásio de uma favela em Londres.

Os estudantes são pobres e reagem duramente à figura da autoridade, sobretudo por estar encarnada em uma pessoa de cor. Mas em vez de desistir, como fizeram outros professores, ele utiliza métodos não-ortodoxos, aumenta a auto-estima dos alunos, o respeito de uns pelos outros e, gradualmente, ganha a confiança da turma.

Sociedade dos Poetas Mortos (Dead Poet Society), de Peter Weir, é de 1989, mas se passa no outono de 1959, em uma escola secular e tradicional de Vermont, nos EUA. Narra a história do Professor John Keating, interpretado por Robin Williams, que se torna uma figura polêmica e mal vista pela direção e pelo corpo docente da escola, ao despertar nos alunos a rebeldia contra as convenções culturais e sociais.

O tema básico do filme é a escolha entre a liberdade pessoal e o conformismo com as normas estabelecidas. Idolatrado pelos alunos, Keating é perseguido e afastado pela direção da escola. No entanto, não consegue destruir os ideais de liberdade e independência que ele plantou na mente dos jovens estudantes.

São três visões diferentes de um mesmo tema, mas iguais na abordagem do papel daqueles professores que, com inovação e idealismo, levam seus alunos para um mundo de cultura, ideais e criatividade.

Temas:

Abuso de poder, aprendizagem, assédio moral, comportamento de grupos, conflito, choque de cultura, desafio, ética, humanismo, manutenção de paradigmas, padrões cristalizados, preconceito, resistência a mudanças, valores.

Sugestões para o Debate:

1. Considerando que, independentemente de exercermos o magistério ou não, deveríamos ter sempre um compromisso educacional, uma

primeira sugestão seria deixar o debate livre, de forma a captar as percepções dos participantes sobre os temas abordados nos três filmes.

2. Outra idéia seria dividir os participantes em grupos e propor um trabalho em torno das seguintes questões:

- os temas tratados nos três filmes principalmente quanto à relação professores/alunos;
- o papel do professor, que, além da educação formal, deve transmitir valores e princípios éticos de forma a preparar os alunos para a vida;
- a função social da escola principalmente no mundo atual;
- a importância da educação através dos exemplos que transmitimos no dia-a-dia;
- a responsabilidade das corporações no desenvolvimento das pessoas e das comunidades onde atuam;
- a importância do conhecimento compartilhado, que enriquece o grupo e torna a empresa uma organização de aprendizagem constante.

3. Outro debate interessante seria uma comparação entre a era do conhecimento e a era da informação, considerando que a gestão do conhecimento vai além da gestão da informação, porque incorpora a utilização e a disseminação dos saberes nas organizações.

Ficha Técnica:

Título original: The Blackboard Jungle
Título da tradução brasileira: Sementes da Violência
Ano: 1955
País: EUA
Diretor: Richard Brooks
Roteiro: Richard Brooks e Evan Hunter (livro)
Fotografia: Russell Harlan
Música: Scott Bradley, Charles Walcot e Max Freedman (canção Rock Around the Clock)
Edição: Ferris Webster

Atores principais: Glenn Ford, Anne Francis, Louis Calherm, Margaret Hayes, Sidney Poitier
Gênero: Drama
Duração do filme: 101 minutos

Título original: To Sir With Love
Título da tradução brasileira: Ao Mestre com Carinho
Ano: 1967
País: Inglaterra
Diretor: James Clavell
Roteiro: James Clavell e E. R. Braithwaite (livro)
Fotografia: Paul Beeson
Música: Ron Grainer
Edição: Peter Thornton
Atores principais: Sidney Poitier, Christian Roberts, Judy Geeson, Suzy Kendall
Gênero: Drama
Duração do filme: 105 minutos

Título original: Dead Poet Society
Título da tradução brasileira: Sociedade dos Poetas Mortos
Ano: 1989
País: EUA
Diretor: Peter Weir
Roteiro: Tom Schulman
Fotografia: John Seale
Música: Maurice Jarre
Edição: William M. Anderson
Atores principais: Robin Williams, Robert Sean Leonard, Ethan Hawke, Josh Charles, Gale Hansen
Gênero: Drama
Duração do filme: 128 minutos

O Verdadeiro Significado da Palavra Enxergar

Para se tornar uma pessoa que vê, Virgil tem que matar o cego dentro de si. Esse é o tema do filme À Primeira Vista (At First Sight), baseado em uma história real que o diretor Irwin Winkler adaptou para as telas.

Winkler se baseou no artigo "To See and Not To See", do médico e escritor Oliver Sacks, que documentou a história verdadeira de Shiri e Bárbara Jennings, narrada no filme.

Virgil (interpretado por Val Kilmer), o personagem que revive a história de Shiri, é um massagista terapêutico muito competente. Ele vive em uma pequena cidade dos EUA e é cego desde os 3 anos de idade. Um dia, ele conhece Amy, uma arquiteta de Nova York que – para tentar relaxar um pouco da vida estressada que leva na cidade grande – vai passar uns dias no spa onde Virgil trabalha.

Os dois acabam se apaixonando, e ela começa a tentar convencê-lo a realizar uma cirurgia experimental que poderá lhe devolver a visão. A princípio, Virgil não concorda. Seu mundo tátil, auditivo, seu trabalho, seu interesse por esportes, tudo está indo muito bem. Ele leva uma vida simples e feliz e não vê sua cegueira como um problema maior.

No entanto, por amor a Amy, Virgil acaba concordando e se submete à cirurgia que, de fato, lhe restitui a visão. A partir daí, no entanto, vai ter de readaptar toda a sua vida para uma nova realidade, até então totalmente desconhecida para ele.

O filme mostra muitas coisas do nosso cotidiano que nem nos damos conta. Os bebês levam meses e até anos para desenvolver uma coordenação envolvendo mente, olhos e mão. Identificar visualmente coisas como frutas e objetos comuns, por exemplo, que um cego conhece apenas pelo tato, envolve todo um novo aprendizado para (re)conhecer o que já lhe é familiar de outra forma. Noções quase instintivas, como profundidade, não são adquiridas de pronto. Cores são apenas palavras. Uma pessoa que recupera a visão em uma fase adulta não tem memória visual como referência. Dessa forma, tem que desaprender e aprender tudo de novo e de uma forma inteiramente diferente para conseguir interpretar o mundo à sua volta.

Mas, dessa história real, podemos também tirar o verdadeiro sentido de ver. E isso também é evidenciado no filme através dos personagens de Amy e da irmã de Virgil, que passou a tomar conta dele quando ele ficou cego. Ambas também sofrem uma " operação transformadora" e passam a "enxergar" uma série de coisas que não se davam conta até então.

À Primeira Vista é um filme muito interessante abordando um tema bem diferente, que mostra como, muitas vezes, para conseguirmos enxergar determinados fatos, temos de vê-los com outros olhos. Para isso, precisamos passar por um processo de reaprendizagem, abandonarmos velhos paradigmas, revermos padrões e comportamentos cristalizados e, principalmente, conscientizarmos-nos de que além da nossa há muitas outras formas e maneiras de "ver" a vida.

Temas:

Adaptação a novas formas de ver, problemas de comunicação, novos paradigmas, preconceito, padrões cristalizados, reaprendizagem, superação de limites, valores.

Sugestões para o Debate:

1. Após a projeção do filme na íntegra, sugerimos a condução de um debate em torno das seguintes questões:

- o que fazia com que Virgil, mesmo sendo um portador de necessidades especiais, levasse uma vida normal, ativa e feliz?
- que modelos mentais determinaram o comportamento de Amy quanto à cegueira de Virgil?

2. Sugerir ao grupo o comentário de situações em que ficou caracterizado o preconceito contra portadores de necessidades especiais.
3. Pedir ao grupo para falar sobre a política adotada em suas empresas com relação ao tema.
4. O filme propicia o debate de outras formas de discriminação relacionadas com questões raciais, de faixa etária, de homossexualidade ou classes sociais menos favorecidas. Propor ao grupo a discussão do tema.
5. Debater com o grupo o verdadeiro sentido de ver e as várias formas de olhar os fenômenos da vida.

Ficha Técnica:

Título original: At First Sight
Título da tradução brasileira: À Primeira Vista
Ano: 1999
País: EUA
Diretor: Irwin Winkler
Roteiro: Oliver Sacks (livro) e Steve Levitt
Fotografia: Ivan Muñiz e John Seale
Música: Mark Isham
Edição: Julie Monroe
Atores principais: Val Kilmer, Lee Rosen, Raisa Ivanic, Mira Sorvino
Gênero: Drama
Duração: 128 minutos

Por Justiça, até Onde Você Iria?

O título acima é a chamada de A Qualquer Preço (A Civil Action), de Steven Zaillian, com John Travolta e Robert Duvall, excelentes nos papéis principais.

O filme conta a batalha judicial do advogado Jan Schlichtmann (Travolta) ao defender oito famílias contra duas empresas em um processo de contaminação da água potável de uma cidade com agentes químicos e que resultou na morte de diversas crianças por leucemia.

A Qualquer Preço, além do drama relacionado com a trama, tem dois aspectos muito importantes. O primeiro deles é que a história é real: o fato aconteceu na década de 1980 na pequena cidade de Woburns, Massachusetts; as empresas são duas grandes corporações – a W.R. Grace & Co. e a Beatrice Foods; e o episódio mobilizou a opinião pública da Nova Inglaterra, transformando-se em uma ação judicial de grande repercussão.

O outro aspecto se relaciona com as mudanças ocorridas com o advogado que defendeu as famílias. Jan Schlichtmann era um advogado ambicioso, extremamente bem-sucedido, que conseguia veredictos multimilionários em processos de acidentes pessoais, que costumam ser um rico filão na Justiça americana. Ao aceitar a causa – que ele julgava ser aparentemente fácil –, sua maior motivação era que ela lhe proporcionaria mais um passo na sua meta de ficar mais rico e famoso ainda, tendo em vista a importância das empresas envolvidas.

No tribunal, entretanto, nem tudo saiu como ele esperava: na defesa das companhias estava Jerome Facher (Duvall), um competente e astucioso advogado; um sistema judicial viciado; e, muito pior do que tudo, o medo das pessoas – que incluía empregados das duas empresas, parentes das vítimas e moradores da cidade – de serem testemunhas ou de se envolverem na questão.

Jan, no entanto, já estava tão envolvido com a causa que, além de colocar em segundo plano seus planos de maior fama e riqueza, não relutou em gastar os recursos de sua empresa – mais de US$ 2,6 milhões – com testes médicos e científicos para provar a culpa dos poluidores.

Ao rejeitar um acordo milionário das duas empresas para encerrar o caso, Jan já não tinha mais controle de sua carreira e de sua vida. Ele, que esperava ganhar milhões, ao contrário, acabou perdendo tudo o que tinha por aquilo que acreditava ser a verdade.

Quando o caso Woburn terminou – com a vitória das famílias através da prova de que as companhias contaminaram os reservatórios da cidade –, Jan Schlichtmann estava arruinado financeiramente, mas era outra pessoa.

Em uma entrevista realizada durante a transposição da história real para as telas, ele declarou:

"Era um buraco negro. Todos os que tiveram contato com o caso foram testados no sentido de mostrar quem eram, no que acreditavam e as escolhas que queriam fazer como seres humanos. O caso Woburn forçou-os a revelar o quanto se importavam com a verdade ou o quanto estavam querendo perpetuar as mentiras. Essa foi a grande magia."

Jan voltou para Boston, onde continuou exercendo a advocacia e realizando seminários para alunos de Direito e para grupos ambientais por todo os EUA.

Os moradores da cidade também fizeram a sua parte. A fim de que a vitória na causa não fosse o capítulo final do caso Woburn criaram, liderados por Anne Anderson (uma das mães das crianças atingidas), uma atuante associação civil denominada FACE (For a Cleaner Environment).

A Qualquer Preço mostra como, às vezes, levado por razões éticas ou meramente circunstanciais, um profissional pode mudar radicalmente as suas práticas, metas, crenças, condicionamentos e história de vida.

Temas:

Ausência de justiça, busca de objetivo, comportamento de grupos, conflito, desafio, estratégia, ética, negociação, meio ambiente, mudança de conceitos, poder empresarial, responsabilidade social.

Sugestões para o Debate:

1. Sugerimos dividir os participantes em grupos e propor um debate em torno das seguintes questões tratadas no filme e sua aplicação na área de gestão com pessoas:

   - a atitude das duas grandes corporações;
   - casos semelhantes ao ocorrido na cidade de Woburn;
   - o comportamento do advogado das corporações;
   - as razões da mudança no comportamento do advogado Jan;
   - casos semelhantes ao ocorrido com o advogado Jan;
   - a cena final, quando Jan, já arruinado financeiramente, ainda assim acha que valeu a pena.

2. Propor um debate em torno dos compromissos que as organizações devem ter na comunidade onde atuam.

3. Debater o dilema, vivido, muitas vezes, por gerentes e empregados, entre a ética e a lealdade corporativa.

4. Pedir para três participantes colocarem sua visão sobre a importância da sustentabilidade como parte do modelo de gestão de negócios das empresas.

5. Pedir para o grupo comentar as lições que o filme traz para nós como pessoas e profissionais.

Ficha Técnica:

Título original: A Civil Action
Título da tradução brasileira: A Qualquer Preço

Ano:	1998
País:	EUA
Diretor:	Steven Zaillian
Roteiro:	Jonathan Harr (livro) e Steven Zaillian
Fotografia:	Conrad L. Hall
Música:	Danny Elfman
Edição:	Wayne Wahrman
Atores principais:	John Travolta, Robert Duvall, William H. Macy
Gênero:	Drama
Duração do filme:	112 minutos

Os Talentos Desperdiçados não Estavam Perdidos

"Buena Vista Social Clube" mostra que nunca é tarde para trazer à tona um potencial, mesmo que adormecido ou subestimado

Esta é uma história fascinante trazida para o cinema em um filme também fascinante.

Sim, porque o excelente documentário Buena Vista Social Clube, do diretor alemão Win Wenders, tem uma história incrível de bastidores.

Tudo começou em 1996, quando o compositor e guitarrista americano Ry Cooder foi a Cuba e aproveitou para procurar um músico que gravara uma fita cassete que ele tinha já há bastante tempo. A idéia era fazer um disco com ele.

Lá chegando, Cooder não só encontrou o músico que procurava, mas também começou a descobrir a existência de um exército de verdadeiras lendas da música cubana, a maioria totalmente no ostracismo: o pianista Rubén Gonzalez, de 78 anos, um dos maiores talentos não-reconhecidos do mundo, que nem sequer possuía mais um piano; o cantor Ibrahim Ferrer, muito popular em Cuba nos anos 1950, mas que aos 70 anos sobrevivia como engraxate; o violonista Compay Segundo, 92, que passou longo tempo trabalhando em uma fábrica de charutos. Compay inventou um violão de corda dupla, que só ele sabia tocar.

Sabendo que todos tinham tocado no Buena Vista Social Clube – uma famosa casa de shows que existia em Havana nos anos 1940 e 1950, Cooder passou a procurar cada um deles e a ficar cada vez mais fascinado pela vida e pelo talento extraordinário daquelas pessoas que muitos já julgavam desaparecidas. O resultado foi a realização de um álbum com o grupo que logo se tornou um sucesso mundial.

Voltando aos EUA para fazer a trilha sonora de um filme de Win Wenders, Cooder não parava de falar no grupo e logo o cineasta também estava entusiasmado e envolvido pela idéia de conhecê-los. Quando Ry Cooder voltou a Cuba para realizar um disco solo com Ferrer, Wenders foi com ele e transformou a história real em um filme.

Buena Vista Social Clube, o documentário, resgata para as novas gerações o talento desses supervelhinhos – como foram carinhosamente chamados. O filme, que enfoca a gravação do disco com Ferrer e a realização de três shows, dois em Amsterdã e um no famosíssimo Carnegie Hall de Nova York, é o resultado desse verdadeiro encontro com o destino.

Win Wenders costuma dizer que seu filme conta a história de um milagre. Ele não está exagerando: é impossível assistir a ele sem concordarmos com sua afirmação e nos emocionarmos até as lágrimas com a história.

E – como pessoas e profissionais – indagarmos: como é possível tantos anos terem transcorrido e talentos tão ricos assim permanecido totalmente apagados?

A comparação com o dia-a-dia das organizações é inevitável; é impossível deixar de refletir sobre quantas pessoas devem existir que não tiveram a chance de ver seus talentos reconhecidos e, principalmente, a oportunidade de mostrá-los e desenvolvê-los.

No filme, a importância desse resgate fica claramente evidenciada quando, ao sinal de Cooder para o início das gravações, a expressão na face dos músicos deixa transparecer visivelmente sua motivação, sua felicidade e, principalmente, a completa ausência de amargura por terem ficado tanto tempo esquecidos. Aquele momento era maior.

Buena Vista Social Clube é um filme fantástico sobre a vida. E a grande lição que nos deixa é que nunca é tarde para realizar milagres como esse.

Temas:

Humanismo, identificação de potencial, motivação, sentido da vida, valorização de talentos.

Sugestões para o Debate:

Sugerimos que o debate em torno desse filme seja focado em um problema cada vez mais sério e que acontece com freqüência no cotidiano das organizações, qual seja, a não utilização do potencial de seus colaboradores e a disseminação do conhecimento que eles possuem.

Com isso em foco:

1. Pedir para os participantes destacarem os pontos do filme que mais os impressionaram e por quê.
2. Em uma transposição para as organizações, pedir para os participantes relatarem experiências semelhantes em que pessoas não tiveram a chance de ver seus talentos reconhecidos e, conseqüentemente, a oportunidade de desenvolvê-los.
3. Muitas vezes, novas situações, experiências ou contatos podem direcionar ou redirecionar o rumo que as pessoas darão às suas vidas. Propor um debate em torno do tema e de exemplos trazidos pelos participantes.
4. Outro debate que o filme suscita se refere ao capital intelectual, ou seja, o conhecimento, a qualificação, as habilidades e a capacidade inovadora e de geração de idéias dos quadros de uma organização. Na verdade, é todo o saber existente em uma empresa, através de seus empregados, gerentes e dirigentes, incluindo os insumos invisíveis como inteligência, criatividade e inovação. É um capital importantíssimo e que necessita de um excelente programa de gestão do conhecimento para que não se perca.
5. Propor um debate em torno da gestão do conhecimento como parte da estratégia de negócios de qualquer organização, seja pública, seja privada ou da sociedade civil.
6. Pedir para o grupo comentar a seqüência (1:33) que mostra a incrível expressão de Ibrahim Ferrer no momento em que ele é ovacionado no Carnegie Hall.
7. Destacar as analogias que podem ser feitas com nossas vidas pessoal e profissional.

Ficha Técnica:

Título original:	Buena Vista Social Club
Título da tradução brasileira:	Buena Vista Social Clube
Ano:	1999
País:	EUA
Diretor:	Wim Wenders
Roteiro:	Wim Wenders
Fotografia:	Robby Muller, Lisa Rinzler e Jörg Widmer
Edição:	Brian Johnson
Atores principais:	Rubén González, Ibrahim Ferrer, Compay Segundo, Omara Portuondo, Eliades Ochoa, Ry Cooder
Gênero:	Documentário
Duração do filme:	102 minutos

A Motivação para o Sacerdócio e os Rumos da Igreja

Filme de José Joffily é muito mais do que um documentário sobre a fé religiosa

O que pode levar uma pessoa a largar sua família, seu trabalho e alguns prazeres do mundo para se dedicar totalmente à vida religiosa e à palavra do Evangelho?

Essa é uma das perguntas que o diretor José Joffily tenta responder através dos depoimentos de seis seminaristas no seu filme O Chamado de Deus, que recebeu o prêmio Margarida de Prata da Conferência Nacional dos Bispos do Brasil (CNBB) como a melhor obra realizada pelo cinema brasileiro sobre o tema. Mas o documentário de Joffily vai além da questão vocacional.

Ele acompanha duas correntes da Igreja Católica brasileira – os franciscanos e os carismáticos.

"Acho que O Chamado de Deus mostra mais a história do Brasil do que propriamente da religião", diz Joffily sobre o seu filme.

O diretor de Quem Matou Pixote – que com O Chamado de Deus retornou ao cinema documental – colheu depoimentos de três franciscanos que estudavam no interior da Bahia e de três diocesanos que faziam formação teológica no Rio de Janeiro.

No aspecto vocacional, o filme mostra que a motivação pode vir de uma questão puramente espiritual ou pode ser ocasionada pelo ideal de contribuir para mudar uma situação advinda da miséria e da desigualdade social.

No aspecto ligado aos verdadeiros rumos que uma das instituições mais antigas do mundo pode vir a seguir, Joffily traça uma radiografia da Igreja Católica e, com isso, além de dar uma nova forma à sua intenção inicial de tratar apenas do aspecto vocacional, mostra uma igreja teologicamente dividida.

A Corrente da Renovação Carismática procura enfatizar suas ações no aspecto místico da vocação religiosa; já os franciscanos procuram atrelar à sua prática religiosa ações sociais que os aproximem daquelas comunidades que carecem de transformações que possam conduzir a um mundo mais justo e mais humano.

O diretor aborda, ainda, as reações das mães de cada um dos seminaristas. Curioso para descobrir o que essas senhoras sentiam ao verem seus filhos seguir um rumo que certamente não era aquele inicialmente imaginado por elas, Joffily acabou produzindo um material que, por certo, daria para fazer outro filme somente sobre mães de seminaristas.

Na verdade, O Chamado de Deus, embora condensado em 80 minutos, levanta questões sobre a vida religiosa analisada sob vários ângulos. Além dos aspectos citados, é um filme também sobre a necessidade da mudança e adaptação aos novos tempos e de como uma instituição secular, forte e poderosa como a Igreja não está imune às contradições advindas da diversidade de pensamento dos seus membros, sobretudo quanto ao verdadeiro papel que ela deve exercer no mundo contemporâneo.

Temas:

Adaptação aos novos tempos, comportamento de grupos, conflito, manutenção de paradigmas, motivação, novos paradigmas, traços de cultura, valores.

Sugestões para o Debate:

1. Um primeiro ponto a ser considerado na condução do debate desse filme é o perfil dos participantes. A partir da definição desse perfil, o debate pode ser centrado na religião, nas escolhas, na vocação e, como se trata de um documentário, até nos entrevistados e seus depoimentos.

2. Tomando como exemplo um debate com participantes da área de gestão com pessoas, sugerimos uma reflexão em torno dos seguintes temas:

- a questão da vocação, vista como a compatibilidade de determinadas aptidões e habilidades das pessoas com a carreira que decidiram seguir;
- a questão das escolhas e a importância de cada um decidir o rumo que quer dar à sua vida, tanto no campo profissional quanto no pessoal;
- o significado do trabalho como fonte de prazer e a importância de lutar pelos sonhos.

3. Propor um debate em torno da resistência de determinadas instituições para alterar modelos mentais arraigados que as impedem de visualizar e aceitar as transformações dos novos tempos.

Ficha Técnica:

Título original: O Chamado de Deus
Ano: 2001
País: Brasil
Diretor: José Joffily
Roteiro: José Joffily
Fotografia: Luís Abramo,
Marcelo " Guru" Duarte,
Nonato Estrela, Guy Gonçalves
e Antonio Luiz Mendes
Música: David Tigel
Edição: Eduardo Escorel
Gênero: Documentário
Duração do filme: 80 minutos

Entre a Ética e o Sucesso

Três empregados dos Laboratórios Loderstar reúnem-se em um hotel durante uma convenção de empresas em Wichita, no Kansas. Objetivo da reunião: atrair um determinado presidente de uma grande companhia e conseguir um contrato de venda do produto que representavam. Para isso, vale tudo: arrastá-lo para um coquetel improvisado na última hora é uma das alternativas levantadas pelo grupo.

Essa é uma das cenas do filme A Chave do Sucesso (The Big Kahuna, algo como O Grande Cacique), adaptado da peça Hospitality Suíte. Dirigido pelo estreante John Swanbeck, é uma história sobre os bastidores das grandes corporações reproduzindo cenas e situações já vistas milhares de vezes no dia-a-dia real dessas empresas.

O filme é roteirizado por Roger Rueff em um estilo que busca semelhança com o do grande dramaturgo David Mamet, que já havia roteirizado um outro na mesma linha deste, O Sucesso a Qualquer Preço. A exemplo dele, em A Chave do Sucesso, Rueff tem a preocupação de descrever detalhadamente as características de cada um dos três personagens.

Larry (Kevin Spacey) e Phil (Danny de Vito) são amigos de longa data e, se fosse preciso, "colocariam a própria mãe em leilão" para fechar um negócio. O terceiro personagem é Bob, protestante ortodoxo e o mais jovem e inexperiente do trio, em constante atrito com Larry, questionando-o sempre por sua ausência de valores éticos e sua visão de mundo materialista.

São três homens angustiados no interior de uma suíte de um hotel três estrelas. Daí vem o nome da peça que deu origem ao filme. Nessa suíte de hotel, preparada especialmente para receber com todas as mordomias os executivos das empresas participantes da convenção, eles vivem todo tipo de conflito, uns com os outros e cada um consigo mesmo. Todos os três, em uma situação de grande tensão, percorrem o fio da navalha entre o certo e o errado, entre o bem e o mal, entre os valores que permanecem e os que já foram alterados pelo novo mundo globalizado e extremamente competitivo.

Durante o desenrolar da trama, Swanbeck e Rueff mostram os embates que se sucedem entre os três personagens: as agressões verbais em torno de família e dinheiro, a subversão de valores, as humilhações sofridas na vida, as vitórias passageiras que não levam a nada, os sonhos desfeitos e, principalmente, até onde a luta pela sobrevivência e a busca cega do sucesso podem levar a condutas totalmente desprovidas de princípios.

É um filme de diálogos, dentro de um estilo teatro filmado, mas que se destaca não só pela direção segura de Swanbeck e pelo excelente desempenho dos atores, mas, especialmente, pela relevância das oportunas questões éticas que levanta.

O ótimo ator Kevin Spacey, que interpreta Larry, disse em uma entrevista que seu personagem é um vendedor submetido às pressões desumanas do mercado e – embora não justifique – isso pode explicar seu comportamento.

Segundo ele, o cinema tem procurado retratar em muitos filmes personagens de vendedores (ele mesmo já havia trabalhado em outro papel semelhante em O Sucesso a Qualquer Preço) porque eles precisam estar sempre em competição na busca do sucesso e nem todos conseguem alcançá-lo.

Temas:

Assédio moral, clima organizacional, competição, comportamento de grupos, conflito, cultura organizacional, ética, ausência de trabalho de equipe, sobrevivência.

Sugestões para o Debate:

1. Dividir os participantes em grupos e propor um trabalho em torno das seguintes questões:

   - o comportamento dos três personagens, que são bem diferentes: Phil, o mais velho, vivendo uma crise existencial; o Larry, dividido entre as exigências do mercado e de suas próprias crenças; e Bob, o mais novo com a inocência e até ingenuidade daquele que está chegando;

   - a cena, no início do filme, em que Larry – na presença de Phil – explica para o empregado novato o motivo da convenção;

   - a atitude de Bob, quando Larry sugere que ele se aproxime na festa do provável comprador, unicamente com o intuito de fazê-lo fechar o contrato;

   - os mecanismos que a empresa utilizava para atrair o comprador.

2. A empresa, aparentemente, não tinha um claro planejamento nem um delineamento de metas para a área de vendas. Tampouco, havia uma estratégia ou um plano de ação e os vendedores não conheciam o perfil e as necessidades dos clientes. Propor um debate em torno dessas questões.

3. Com as situações mostradas no filme em mente, pedir para o grupo debater a questão dos comportamentos que inspiram confiança nas organizações, um fator cada vez mais importante nos dias de hoje.

4. Pedir para o grupo comentar alguns detalhes interessantes do filme: a ampulheta indicando o tempo; uma rua escura, apenas iluminada com sombras, depois a luz transcendente mostrando esperança; a metáfora com o nome do laboratório – Lodestar significa estrela que dá navegação, estrela-guia.

5. Sugerimos a abordagem da venda sob um enfoque mais amplo, já que, hoje, não são apenas produtos que são vendidos. Atualmente, precisamos estar preparados para "vender" nossas idéias, um projeto que gostaríamos de ver implantado e até os princípios nos quais acreditamos.

Ficha Técnica:

Título original: The Big Kahuna
Título da tradução brasileira: A Chave do Sucesso
Ano: 1999
País: EUA
Diretor: John Swanbeck
Roteiro: Roger Rueff
Fotografia: Lucas Bielan e Anastas N. Michos
Edição: Peggy Davis
Atores principais: Kevin Spacey, Danny De Vito, Peter Facinelli, Paul Dawson
Gênero: Drama
Duração do filme: 90 minutos

Uma Análise sobre o Preconceito

O Closet (Le Placard), de Francis Veber, aborda com seriedade, usando uma comédia leve e engraçada, o tema do preconceito. O filme trata, especificamente, do preconceito contra os homossexuais e nos leva a refletir sobre outras formas de discriminação ou juízos preconcebidos que ainda ocorrem em muitas organizações e nas comunidades de um modo geral.

A história acompanha François Pignon (Daniel Auteil), um homem calado e tímido, sem amigos, considerado (talvez por isso mesmo) uma pessoa tediosa. Sua mulher pediu o divórcio e seu filho não o admira e acha que ele é um ninguém.

Pignon trabalha como contador auxiliar em uma fábrica de preservativos e parece tão desnecessário ao trabalho que um dia é avisado que será demitido, após 20 anos de serviços leais à empresa.

Abalado com a notícia, ao voltar para seu apartamento, mais deprimido ainda, só lhe ocorre se atirar lá de cima e acabar com a vida que para ele não tinha mesmo sentido.

Ao chegar na varanda, vê um gatinho e resolve, antes do gesto extremado, dar-lhe um pouco de leite. É quando o novo vizinho, Bonelo, bate à sua porta procurando pelo gato que havia pulado para a casa de Pignon.

Bonelo, um psicólogo aposentado, logo percebe que Pignon está mal e resolve ajudá-lo. "Vamos conversar, ofereça-me um drinque, estou tão só quanto você", diz ele.

Embora hesitante a princípio, Pignon acaba concordando e se abre com o novo conhecido, colocando para fora tudo que o está atormentando.

E aí surge a grande idéia de Bonelo: "Precisamos espalhar um boato na sua empresa que você é gay. Você vai ver como eles rapidamente recuarão na intenção de demiti-lo", sugere.

Inicialmente, Pignon rebate a idéia, mas, sem muita saída para o seu drama, aceita que Bonelo faça uma montagem computadorizada de fotos em um bar de gays que "mostram" sua homossexualidade e as remeta anonimamente para a empresa.

A notícia se espalha e a empresa imediatamente cancela sua demissão. Como era esperado, não quer ter a má publicidade de demitir um gay e correr o risco de ser acusada de preconceito por uma importantíssima parcela dos consumidores do seu produto. Ao lado da surpresa, seus colegas de trabalho vão acabar se convencendo de que o comportamento inibido de François era afinal uma forma de esconder sua verdadeira preferência sexual.

Na verdade, François continua a mesma pessoa, um heterossexual inibido e cinzento. Os outros é que passam a vê-lo de uma forma diferente.

O filme é muito interessante por enfocar a questão do preconceito e da imagem. Afinal, um empregado não pode ser demitido ou deixar de sê-lo apenas por ser gay. A condição ou opção sexual de alguém não deve ser requisito, pré-requisito, causa explícita ou implícita para interferir nesse tipo de decisão.

A mesma coisa é válida para outras questões ligadas à raça, à nacionalidade, à religião, à renda social ou a qualquer outro motivo que possa ser classificado como discriminação ou preconceito.

O próprio Bonelo, o vizinho que dá a idéia a Pignon, havia sido demitido por ser gay, como ele mesmo confidencia a François: "E perdi meu emprego pela mesma razão que você vai manter o seu", afirma.

O filme, de forma amena e com bons momentos muito engraçados, levanta uma questão relevante que, embora venha sendo discutida nas organizações, ainda persiste em muitas delas, trazendo desconforto, constrangimento e graves prejuízos para aquelas pessoas que têm sido vítimas de idéias preconcebidas e julgamentos de valor supostamente moral.

O Closet foi indicado ao prêmio de melhor filme sobre direitos humanos pela Political Film Society.

Temas:

Assédio moral, clima organizacional, comportamento de grupos, conflito, cultura organizacional, preconceito, raciocínio lateral, valores.

Sugestões para o Debate:

Após a projeção do filme na íntegra, sugerimos pedir para cinco participantes conduzirem um debate em torno das seguintes questões:

- o plano proposto por Bonelo e aceito por Pignon para evitar que ele fosse demitido. E a decisão da empresa de suspender a demissão. Enfocar a questão do preconceito e da imagem, já que um empregado não pode ser demitido, ou deixar de sê-lo, apenas por ser gay;

- as mudanças que a notícia trouxe. Uma delas, a mudança do olhar das pessoas: quando Pignon diz para o seu amigo que não conseguirá se comportar como um gay, ele sugere: "Você não deve de modo algum mudar seu comportamento, continue tão apagado e normal quanto antes. O que vai mudar é o olhar dos outros. Você é o que é, as pessoas é que mudam". A outra, a própria mudança pessoal de Pignon: ele saiu do casulo, começou a tomar outras atitudes e se tornou mais feliz;

- o assédio moral, que acontece em muitas empresas e é um ponto forte do filme. Pignon era praticamente rotulado como um idiota, uma pessoa sem brilho e sem perspectivas. Na verdade, ele estava ali, mas não tinha um lugar, um espaço na organização. Isso acontece em algumas empresas e é muito perigoso porque é sutil, subliminar e não é uma ação explícita;

- o respeito à diversidade: ações discriminatórias acabam criando uma sociedade baseada no ódio às diferenças. Como diz o líder e ex-Presidente da África do Sul, Nelson Mandela: "Ninguém nasce preconceituoso: aprende a ser preconceituoso".

- a discriminação em todas as suas formas – sexual; racial; contra os portadores de necessidades especiais, os idosos, os negros, os índios, os judeus – e ações que possibilitem inclusão também em todas as suas formas – social, racial, digital, sexual, etária e outras porventura existentes. O papel importante da área Recursos Humanos na verificação do clima organizacional e nas melhores práticas para criar um ambiente sadio, aberto e sem preconceitos.

Ficha Técnica:

Título original: Le Placard
Título da tradução brasileira: O Closet
Ano: 2001
País: França
Diretor: Francis Veber
Roteiro: Francis Veber
Fotografia: Luciano Tovoli
Música: Vladimir Cosma
Edição: Georges Klotz
Atores principais: Daniel Auteuil, Gerard Depardieu, Thierry Lhermitte, Michele Laroque, Michel Aumont
Gênero: Comédia dramática
Duração do filme: 84 minutos

Um Filme sobre o Sentido da Vida

Em As Confissões de Schmidt (About Schmidt), de Alexander Payne, Jack Nicholson vive um sexagenário, em um dos papéis mais difíceis de sua carreira.

Ele é Warren Schmidt, um homem gordo, com um penteado ridículo tentando encobrir a calvície, desprovido de atrativos e, acima de tudo, desiludido e amargurado.

O filme começa com uma festa organizada pelos colegas de Warren, que está se aposentando aos 66 anos depois de uma longa carreira como executivo de uma seguradora do meio-oeste americano.

Logo depois, com a morte repentina da esposa, Schmidt põe o pé na estrada no seu novo trailer, em uma viagem em busca de si mesmo e do seu passado. Na trajetória, descobre que sua mulher tivera um caso com seu melhor amigo e entra em crise ao constatar a enorme mediocridade que foi sua vida. No encontro com a filha – que não lhe quer muito bem e está prestes a se casar –, ele sente que sua existência não tem mais significado.

O filme é baseado no livro homônimo de Louis Begley e também em um roteiro que o diretor escreveu há mais de 12 anos, coincidentemente tocando no mesmo tema. Payne explica que ele deveria se chamar O Covarde e seria sobre um homem que se aposenta e, quando perde a segurança afetiva e profissional, começa a se questionar se realmente viveu a vida.

A história de As Confissões de Schmidt é narrada em uma série de cartas que Warren envia para um menino órfão de 6 anos, que mora na Tanzânia. Por intermédio de uma Organização Não-governamental (ONG), Schmidt tornou-se "padrinho" do garoto a quem envia 22 dólares por mês e com quem partilha, através das cartas, suas angústias, tristezas e descobertas. Enquanto isso, mente para si mesmo e esconde seus verdadeiros sentimentos.

Tendo como cerne principal a crise da velhice e a solidão, About Schmidt também traça um retrato dos valores da sociedade atual e conduz o espectador à reflexão sobre o sentido da vida.

Temas:

Adaptação aos novos tempos, solidão, terceira idade, aposentadoria, sentido da vida, valores.

Sugestões para o Debate:

Embora o filme permita muitas leituras, a principal delas é certamente a importância do significado que cada um deve dar à sua vida. Somente ao se aposentar, Warren realizou uma "viagem", em busca do seu passado e do sentido da vida. Sugerimos uma reflexão em torno do tema.

Outras sugestões:

1. Em uma transposição para a área de gestão com pessoas, propor ao grupo uma reflexão em torno dos mecanismos que as pessoas podem utilizar para se libertar de ambientes e/ou situações que não as fazem felizes.

2. Dividir os participantes em grupos e propor um trabalho em torno da questão da aposentadoria, com ênfase: no número crescente de pessoas que estão se retirando do mercado de trabalho; na longevidade da população decorrente do aumento da expectativa de vida; no fato de que, ao contrário do que acontecia no passado, hoje pessoas com 50 e 60 anos ainda estão no auge de sua capacidade criativa; e como tudo isso afeta as organizações quanto às mudanças que deverão fazer nos seus processos seletivos, bem como nos seus planos de carreiras e sucessões.

3. Deixar em aberto e conduzir o debate de acordo com o direcionamento dado pelos participantes.

Ficha Técnica:

Título original:	About Schmidt
Título da tradução brasileira:	As Confissões de Schmidt
Ano:	2002
País:	EUA
Diretor:	Alexander Payne
Roteiro:	Alexander Payne, Jim Taylor e Louis Begley (livro)
Fotografia:	James Glennon
Música:	Rolfe Kent e David Shaw
Edição:	Kevin Tent
Atores principais:	Jack Nicholson, Kathy Bates, Hope Davis
Gênero:	Drama
Duração do filme:	125 minutos

Um Olhar Humanista na Busca pela Reabilitação

O título acima é o cerne do filme Dedos Verdes (Greenfingers), do diretor Joel Hershman, baseado em uma história real passada em Edgefield, uma prisão experimental da Inglaterra.

Desde que Hershman leu o artigo de Paula Dietz no New York Times sobre a história, colocou na cabeça que mais pessoas deveriam tomar conhecimento do assunto. Uma das melhores formas para que isso acontecesse seria adaptá-lo para as telas.

A história é centrada no personagem Colin Briggs, em uma ótima interpretação de Clive Owen. Quando o filme começa, Colin está em liberdade condicional após ter passado um período na prisão experimental aberta de Cotswolds. A câmera mostra Colin praticando um pequeno delito, apenas com o objetivo de conseguir voltar para a prisão.

A partir daí, o filme volta no tempo e mostra Colin no dia em que, por bom comportamento, está sendo transferido, juntamente com alguns companheiros de cela, para a unidade aberta de Cotswolds, em Edgefield, depois de ter cumprido pena de 15 anos por assassinato em primeiro grau em um presídio de segurança máxima.

Prisioneiro não apenas do regime penitenciário, mas também de si mesmo e de suas culpas, Colin é um homem enrustido e solitário a ponto de, ao ser comunicado da transferência, simplesmente dizer que preferiria continuar na prisão em regime fechado, pois não gostava de mudanças.

Ao chegar em Edgefield, ele e seus companheiros são de imediato surpreendidos com a diferença de tratamento: portas abertas, recepção amistosa do diretor da prisão e chá com biscoitos. Lá eles também receberão treinamento para trabalhar e, quem sabe, garantir um futuro melhor quando ganharem a liberdade.

O companheiro de quarto de Colin é Fergus, um prisioneiro idoso e doente, que também cumpre pena por assassinato. Sem muito sucesso, Fergus procura conversar e se aproximar de Colin, mas este reage rispidamente ao comportamento amistoso do companheiro.

Mas Fergus não desiste e, ao presentear Colin na festa de Natal do presídio, com um saquinho de sementes de violetas, vai mudar a vida dele, de outros companheiros da prisão e até conceitos relacionados com o sistema penal britânico.

Esse, aliás, foi um dos motivos que levou Hershman a fazer o filme, já que a história dos prisioneiros de Edgefield poderia dar uma grande contribuição para a questão da reforma das penitenciárias: "O filme mostra a possibilidade da reabilitação e redenção de pessoas que cometeram crimes, do arrependimento e de sua reintegração à sociedade", explica o diretor.

Incentivado por Fergus, e meio a contragosto, Colin planta a semente e meses depois descobre maravilhado que ela gerou flores em um terreno árido e estéril e, melhor, descobre também que ele tinha o dom do "greenfinger" – em uma tradução livre, o nosso " mão boa para plantar". O fato leva o diretor do Presídio a criar uma nova unidade de trabalho na prisão, a área de jardinagem.

Edgefield deixa, então, de ser uma prisão para Colin. "Eu não sou mais um prisioneiro, sou um jardineiro", diz ele. E por isso, mesmo após ter obtido liberdade condicional, ele comete o pequeno delito (rouba flores para a mulher que ama) que lhe possibilitará retornar à prisão e ajudar seus companheiros a concorrer ao disputado prêmio da Hampton Court Palace Flower Show, para o qual se inscreveram.

Como pano de fundo para a causa de sistemas penitenciários que realmente possibilitem a recuperação dos detentos para a sociedade, há muitas tramas paralelas mostrando os pequenos dramas da vida, já que o filme retrata histórias de pessoas reais: o filho que visita o pai prisioneiro, mas prefere dizer na escola que ele havia morrido; o de Fergus, que, vítima do alcoolismo, após matar a segunda mulher e não ter sido acusado de assassinato, resolve ele mesmo se entregar antes que mate uma terceira; e o do próprio Colin, que, antes de ser perdoado e pagar sua pena com a sociedade, precisa ajustar contas consigo mesmo.

Dedos Verdes ganhou o prêmio de melhor filme em Direitos Humanos da Political Film Society e coloca em discussão um tema polêmico que permeia o filme: o que aconteceu em Edgefield é um caso isolado ou é realmente uma política que dá aos prisioneiros uma possibilidade de redenção? Ou, em outras palavras, "é possível fazer com que os criminosos se mostrem inclinados a deixar de pensar em armas e se interessar por flores"?

Temas:

Aprendizagem, comportamento de grupos, humanismo, motivação, persistência, reaprendizagem, sistema de justiça, trabalho de equipe, solidariedade.

Sugestões para o Debate:

1. Dividir os participantes em grupos e pedir para debaterem as seguintes questões:

    - o comportamento de Colin ao chegar na nova unidade prisional e a atitude de Fergus, seu companheiro de quarto;
    - a superação de obstáculos e a busca de um sentido para a vida, mesmo em condições adversas.

2. Quando Colin encontrou um significado para sua vida, Edgefield deixou de ser uma prisão para ele. Propor ao grupo uma reflexão sobre pessoas que, mesmo livres, se sentem em verdadeiras "prisões", tanto em sua vida pessoal quanto na profissional.

3. Em uma transposição para a área de gestão com pessoas, propor um debate em torno das condições que devem ser criadas nas organizações para que as pessoas se sintam livres para desenvolver todo o potencial e capacidade criativa que possuem.

4. Pedir ao grupo para indicar pontos importantes de a história real de Edgefield ter sido levada às telas.

Ficha Técnica:

Título original:	Greenfingers
Título da tradução brasileira:	Dedos Verdes
Ano:	2000
País:	EUA
Diretor:	Joel Hershman
Roteiro:	Joel Hershman
Fotografia:	John Daly
Música:	Guy Dagul
Edição:	Tariq Anwar e Justin Krish
Atores principais:	Clive Owen, Helen Mirren, David Kelly, Warren Clarke
Gênero:	Drama
Duração do filme:	93 minutos

O Desafio de Transmitir e Aprender as Lições Certas

O filme Desafio no Bronx (A Bronx Tale), estréia na direção do ator Robert De Niro, segue a história de Calogero, um menino que vivia em uma região de ítalo-americanos de Nova York nos anos 1960. Mas, sem sombra de erro, poderia viver hoje em qualquer um dos bairros de uma das grandes cidades brasileiras.

Calogero é um garoto dividido entre dois heróis de natureza conflitante: de um lado, seu pai verdadeiro, Lorenzo – interpretado pelo próprio De Niro –, um chofer de ônibus honesto, trabalhador e carinhoso. Do outro, Sonny, o chefe mafioso do bairro, que lhe dá proteção e a promessa de um mundo bem diferente da vida que ele tem com sua família. Calogero ama e respeita seu pai, mas, ao mesmo tempo, vê em Sonny um ídolo, uma figura fascinante que pode levá-lo a um mundo de riqueza, poder e deslumbramento.

Em casa, seu pai lhe dá conselhos, como: "Nada é mais trágico do que um talento desperdiçado" ou, "você quer ser um herói? Imite quem acorda cedo e vai trabalhar para sustentar sua família. Esse é o verdadeiro herói".

De Sonny, ele ouve outros tipos de conselho: "Você deve fazer o que achar certo e não levar a vida se preocupando com o que os outros pensam. Na hora H, ninguém vai se importar com você".

Na verdade, os dois amam Calogero, mas têm valores totalmente opostos. O grande desafio para Calogero será saber escolher quais influências ele vai aceitar e, sejam elas quais forem, serão decisivas para o resto de sua vida.

O filme é baseado na peça autobiográfica do ator Chazz Palminteri, que adaptou o roteiro para as telas e interpreta Sonny. Ele é, de fato, o verdadeiro Calogero.

Desafio no Bronx é um filme forte, cheio de vida e de memórias. De Niro não se limitou a contar uma história sobre um chofer de ônibus e um mafioso disputando o amor e o respeito de uma criança. A fita é muito mais do que isso: é a história de dois homens com experiências de vida diversas e, no caso, dois "educadores" completamente diferentes.

Mas, acima de tudo, é um filme que discute questões relacionadas com a importância do exemplo, a arte da escolha e, principalmente sobre a enorme responsabilidade do ser humano na educação e na transmissão de valores.

Temas:

Aprendizagem, assunção de riscos, competição, conflito de gerações, diferenciação de padrões, lealdade, liderança, valores.

Sugestões para o Debate:

1. Propor ao grupo uma reflexão em torno das seguintes questões:

    - o comportamento de Lorenzo e o de Sonny, o chefe mafioso do bairro;
    - a questão dos dois "heróis" para o garoto, o pai e o mafioso;
    - o relacionamento entre pais e filhos no passado e nos dias atuais;
    - os mecanismos que podem ser adotados para evitar que valores distanciados da moral e da boa ética muitas vezes encontrem eco junto às novas gerações;
    - os compromissos que todos devem ter na defesa de que o bem deve sempre se contrapor ao mal e de que é falsa a afirmação de que esperto é quem procura levar vantagem em tudo.

2. Em uma transposição para o contexto corporativo, propor um debate sobre os males que determinados líderes podem causar quando – mesmo com idéias contrárias aos princípios éticos e, muitas vezes, divorciados dos objetivos organizacionais – conseguem motivar e mobilizar seguidores para suas ações.

3. As lições que o filme traz para nossa vida pessoal e profissional.

Ficha Técnica:

Título original:	A Bronx Tale
Título da tradução brasileira:	Desafio no Bronx
Ano:	1993
País:	EUA
Diretor:	Robert De Niro
Roteiro:	Chazz Palminteri
Fotografia:	Reynaldo VillaLobos
Música:	Butch Barbella
Edição:	Robert Q. Lovett e David Ray
Atores principais:	Robert De Niro, Chazz Palminteri, Lillo Brancato, Francis Capra, Joe Pesci
Gênero:	Drama
Duração do filme:	121 minutos

Doze Homens e uma Sentença

Um estudo do comportamento humano

Doze Homens e uma Sentença (Twelve Angry Men) marcou a estréia na direção do então jovem cineasta Sidney Lumet, em 1957.

Inicialmente realizado como uma produção para tevê, o filme acompanha um júri composto de 12 homens que devem julgar um jovem porto-riquenho, acusado de ter assassinado seu próprio pai. Para o veredicto final, a votação tem que ser unânime e, se for considerado culpado, a lei determina para esses casos que o réu seja condenado à morte.

Rapidamente, 11 dos jurados votam pela condenação. Um deles – o arquiteto Davis, interpretado por Henry Fonda – é o único que quer discutir um pouco mais antes de dar a decisão. Afinal, estavam decidindo se uma pessoa, um jovem, viveria ou morreria. Enquanto Davis tenta convencer os demais jurados, o filme vai revelando a característica de cada um – o estilo e a história de vida, as atividades, as motivações e a influência no grupo – mostrando o que os levou a tentar considerar o garoto como culpado e a desnudar os seus próprios (pre)conceitos.

Cada um dos jurados tem origem, condição social e idade diferentes e, como não poderia deixar de ser, diversos tipos de personalidade: entre os 12, há o tímido, o intelectual, o idoso, o de origem humilde, o imigrante, enfim, cada um é um ser único e está ali para decidir sobre o destino de outro ser humano.

Quando Davis, com sua persistência e persuasão, vai fazendo com que cada um reveja os seus votos, passam a emergir no grupo os aspectos individuais. Ao mudar o seu voto, cada um terá evidentemente que rever conceitos e vai querer que sua decisão seja respeitada. Nesse processo, é inevitável que as características da personalidade de cada um comecem a aflorar, surgindo, então, os conflitos e as emoções que exercem influência no comportamento das pessoas, bem como as variáveis que, normalmente, permeiam as relações dentro de um grupo altamente diferenciado.

A trama prossegue sem se preocupar em mostrar se o réu é culpado ou não, mas sim se uma pessoa pode ser julgada por seus semelhantes com base apenas em evidências circunstanciais e suposições. Mostra a fragilidade estrutural e a complexidade de um grupo constituído de pessoas comuns, já prenunciando um estilo que iria predominar em quase toda a obra futura de Lumet: os padrões éticos que confere ao comportamento dos seus personagens e a forma de mostrá-los, sempre envoltos na condição humana.

São 95 minutos de filme, passados o tempo todo em uma pequena sala. É quase como se tudo ocorresse em tempo real. O calor e a falta de ventilação, artifício utilizado pelo diretor, amplificam o clima claustrofóbico. Há uma variação de planos fechados, mostrando a expressão dos atores de vários ângulos, à medida que cada jurado vai desnudando a sua personalidade.

A tensão crescente vem muito mais do conflito de personalidades entre os personagens e no atrito dos diálogos do que propriamente da ação. Na verdade, a lógica, o preconceito e a emoção dominam o tempo todo o campo da ação, com o núcleo se situando sempre na questão relacionada com a responsabilidade inerente à possível condenação de um jovem à morte e não na preocupação de esclarecer um crime.

Doze Homens e uma Sentença é um estudo magistral do comportamento de grupo, através do enfoque do procedimento dos 12 jurados com suas diferenças culturais, pessoais e de formação, expressas em seus valores, preconceitos e falsas certezas.

O filme mostra também os fatores críticos envolvidos no processo decisório, evidenciando como as pessoas trazem para o grupo e para a tomada de decisão seus padrões, seus condicionamentos e sua história de vida; evidencia as diferenças individuais que levam as pessoas, na análise de um mesmo fato, a visualizar ângulos e verdades diferentes; e analisa a capacidade e as características do processo de negociação.

O roteiro excelente de Reginald Rose e a fotografia do ótimo Boris Kaufmann são fundamentais para acentuar o clima asfixiante no grupo de jurados e também nos espectadores.

Considerado uma obra de grande valor humanista, o filme deu a Lumet o Urso de Ouro de melhor diretor. Além disso, ganhou também o prêmio da crítica internacional (Fipresci) e o da Organização Católica Internacional para o Cinema (Ocic).

Temas:

Comportamento de grupos, choque de cultura, conflito, ética, liderança, diferenças de percepção, persistência, preconceito, mudanças de conceitos, negociação, padrões cristalizados, processo decisório, sistema de justiça, valores.

Sugestões para o Debate:

1. Propor um debate em torno de algumas das seguintes questões:

Comportamento de Grupos

O filme é um estudo magistral do comportamento de grupos, através do enfoque do procedimento dos 12 jurados com suas diferenças culturais, pessoais e de formação. Nesse processo, é inevitável que as características da personalidade de cada um comecem a aflorar, surgindo os conflitos e as emoções que exercem influência no comportamento e nas decisões das pessoas.

Processo Decisório

O filme mostra os fatores críticos envolvidos no processo decisório, evidenciando como as pessoas trazem para o grupo e para a tomada de decisão seus padrões, condicionamentos (pre)conceitos e história de vida. Com isso em mente:

- debater o pensamento de Antônio Damásio – cientista português, radicado nos EUA – que liga, de forma objetiva e científica, a área emocional dos indivíduos com a razão (o cérebro e sua química) e a racionalidade e as conseqüentes influências na tomada de decisão;

- debater os conceitos de John Kotter sobre como idéias carregadas de emoção podem mudar comportamentos antigos e reforçar novos;
- debater os perigos de determinadas decisões que não levam em conta as possíveis variáveis relacionadas com aspectos éticos e legais e as conseqüências delas resultantes;
- indicar situações em que julgamentos e/ou decisões precipitadas trouxeram malefícios para os empregados e para os resultados empresariais.

Poder x Decisão:

- em uma transposição para o contexto empresarial, que ações podem impedir que pessoas investidas em altos cargos extrapolem os limites do poder e causem, com suas decisões, males e prejuízos, alguns irreversíveis, para empregados e para a própria organização?
- em um paralelo com a época, debater os perigos que podem representar pessoas com muito poder para a humanidade no mundo de hoje;
- analisar até onde uma decisão errada pode trazer conseqüências, por vezes irreversíveis.

Liderança:

- comentar o tipo de liderança exercido por Davis;
- em algumas cenas importantes do filme, são mostrados exemplos de autoritarismo, em que pessoas são tratadas de forma desrespeitosa e até indigna. Sugerimos debater os malefícios da liderança autocrática na nossa vida profissional e pessoal, bem como o possível assédio moral exercido por ela;
- comparar os tipos de liderança, principalmente os relacionados com os líderes autocráticos e paternalistas e a liderança servidora.

2. Outros temas e questões:

- pedir para o grupo indicar qual jurado lhe causou maior impacto, positivo e/ou negativo;
- pedir para o grupo indicar algumas cenas fundamentais para o desenvolvimento da história e o desfecho do filme;
- propor um debate sobre a questão do estigma e do preconceito;
- comentar as negociações no mundo atual e, especificamente, as ocorridas no filme;
- propor um debate sobre a importância do respeito às diferenças individuais em todas as suas formas e manifestações;
- debater a questão do raciocínio lateral. Trazendo o tema para as organizações, como o raciocínio paralelo pode ajudar na análise de diversas situações ocorridas no contexto corporativo;
- pedir para o grupo indicar as lições que o filme pode trazer para nós, como profissionais e como pessoas;
- incentivar a narração de experiência de algum membro do grupo ligada ao tema.

3. O filme é extremamente rico e possibilita inúmeras leituras. Uma outra sugestão seria deixar o debate em aberto e direcioná-lo de acordo com o rumo dado pelos participantes, já que um dos aspectos mais importantes do programa é a percepção pessoal de cada um sobre o filme em questão.

Ficha Técnica:

Título original: Twelve Angry Men
Título da tradução brasileira: Doze Homens e uma Sentença
Ano: 1957
País: EUA
Diretor: Sidney Lumet
Roteiro: Reginald Rose
Fotografia: Boris Kaufman
Música: Kenyon Hopkins
Edição: Carl Lenner

Atores principais:	Henry Fonda, Lee J. Cobb, Ed. Begley, E.G. Marshall, Jack Warden, Martin Balsam, John Fiedler, Jack Klugman, Ed Binns, Joseph Sweeney, George Voskovec, Robert Webber
Gênero:	Drama
Duração do filme:	96 minutos

Edifício Master Retrata a Complexidade do Ser Humano

O prédio do Edifício Master, em Copacabana, é um prédio como outro qualquer. Nele vivem pessoas como você, como eu e como muitos outros: uma jovem do interior que veio estudar no Rio; um casal que se conheceu através dos classificados; um ex-técnico de futebol que só gosta de passear com seu cachorro; uma mãe solteira; uma mulher que não esquece que uma vez foi assaltada; um ex-ator de televisão. São, aproximadamente, 500 pessoas que ocupam os 276 apartamentos conjugados do edifício.

O filme Edifício Master, de Eduardo Coutinho, por sua vez, é único. Reconhecido como mestre do documentário, o diretor realizou ao longo dos 110 minutos do seu trabalho uma espécie de análise da vida, o que conduz a uma inevitável reflexão sobre a natureza humana e as estratégias que as pessoas usam para lidar com a realidade e torná-la mais aceitável.

Talvez por isso nos toca, a nós profissionais de recursos humano, tão de perto. Em todos os momentos do seu desenrolar, somos lembrados que o outro é um ser humano como nós mesmos, com sonhos, alegrias, ilusões, esperanças, fracassos, vitórias, perspectivas e história de vida.

Coutinho colheu depoimentos de trinta e sete moradores do Master de uma forma direta e simples e, por isso mesmo, tão complexa e difícil de ser realizada. Não partiu de nenhuma hipótese, nem pretendeu formular qualquer tese. Também não fez julgamentos, nem evitou aceitar o silêncio como resposta.

E, ao realizar a montagem do seu filme, editou as impressões, os gestuais e as expressões daquele grupo heterogêneo, dando-lhes identidade e tornando-os únicos. Mas é através da diferença que o Edifício Master se faz igual a tantos outros.

Impossível não nos emocionarmos com a espontaneidade com que as histórias são contadas e o respeito com que são ouvidas. São relatos de andanças, errâncias, perdas, ganhos e aventuras de seres anônimos que nos servem de espelhos. Como a do homem que guarda, com carinho, o símbolo de um raro momento de glória; da aposentada que tem suas economias roubadas e que não se suicida porque ainda tem compromissos financeiros para honrar; ou da prostituta que formula um princípio filosófico sobre a mentira.

Cada depoimento é um sopro de vida nos lembrando de que, atrás daquelas faces anônimas, existem seres humanos em toda a sua plenitude, complexidade e diferença.

E talvez seja essa a principal mensagem que o filme nos passa: a complexidade do ser humano e a importância de humanizarmos o outro no nosso processo diário de interação, comunicação e convivência.

Temas:

Busca de sonhos, sentido da vida, diferença entre as pessoas, humanismo, complexidade do ser humano, padrões culturais, valores.

Sugestões para o Debate:

1. Pedir para cinco participantes indicarem o depoimento que mais os impressionou e por quê.
2. Em uma transposição para o contexto corporativo, propor um debate sobre a importância do respeito às diferenças individuais em todas as suas formas e manifestações.
3. Pedir para os participantes analisarem as lições que o filme traz para nossa vida pessoal e profissional.
4. Pedir para o grupo debater os conceitos de Dulcinéa Monteiro – expostos no livro Espiritualidade e Finitude – Aspectos Psicológicos, uma reflexão sobre o sentido da vida.

Ficha Técnica:

Título original: Edifício Master
Ano: 2002
País: Brasil
Diretor: Eduardo Coutinho
Roteiro: Eduardo Coutinho
Fotografia: Jacques Cheviche
Edição: Jordana Berg
Gênero: Documentário
Duração do filme: 110 minutos

Uma Reflexão Primorosa sobre o Perdão

Em 1999, os até então relativamente pouco conhecidos irmãos belgas Jean-Pierre e Luc Dardenne se projetaram internacionalmente quando o júri do Festival de Cannes surpreendeu dando a Palma de Ouro para Rosetta – um drama abordando o drama do desemprego – deixando de lado muitos favoritos ao prêmio. Dois anos depois, eles voltaram a fazer sucesso no festival francês com O Filho (Le Fils).

O Filho segue a mesma linha dos irmãos cineastas, que procuram sempre realizar projetos engajados socialmente. Como eles mesmos dizem, o cinema tem de estar ancorado na realidade política e social; por isso, buscam com seus filmes discutir os problemas do mundo.

Em O Filho, Olivier Gourmet interpreta Olivier, um marceneiro que trabalha como voluntário em um programa destinado a amparar adolescentes com dificuldades de inserção na sociedade. Um dia, ele fica especialmente interessado por um menino que voltou à vida social depois de um crime cometido quando menor.

De certa forma, a trama tem um quê de suspense surgido da identidade do aprendiz: afinal, quem é ele e por que Olivier dedica a ele uma atenção tão especial?

No mesmo estilo empregado pelos Dardennes em Rosetta, a câmera acompanha obsessivamente um único personagem, no caso esse marceneiro sofrido e como ele vai reagir ao descobrir que seu novo aluno favorito pode ser o responsável pelo assassinato do seu próprio filho. Convivendo com o algoz e causador de sua maior infelicidade, ele busca entender as razões daquele ato.

Além de concentrar sua análise na classe operária dos artesãos, O Filho é também um pequeno drama sobre a compreensão e o perdão. O filme praticamente pede ao espectador que se coloque no lugar do marceneiro.

O desempenho de Olivier Gourmet está ótimo como o professor de marcenaria, papel que lhe deu o prêmio de melhor ator em Cannes e, certamente, contribuiu para criar e manter a emoção à medida que o filme avança.

A obra dos Dardennes não procura ser conclusiva, o que faz com que O Filho tenha um final aberto. Segundo eles, seria fácil encontrar um desfecho, mas mesmo assim preferem deixar que o espectador reflita e participe do processo criativo. Por isso, acham importante transferir a conclusão para o público.

Esse é mais um filme tocante dos irmãos diretores belgas, que desenvolvem em conjunto seu ofício procurando utilizar o grande potencial do cinema como instrumento de mudança e conscientização social.

Temas:

Ética, humanismo, valores.

Sugestões para o Debate:

1. O filme é diretamente focado nos aspectos humanistas. Sua relação com a área de gestão com pessoas remete à questão da espiritualidade nas organizações. Sugerimos conduzir o debate em torno do tema.
2. Obter do grupo duas posições opostas quanto ao comportamento de Olivier. A seguir, estimular um debate em torno dessas posições.
3. A exemplo do que muitos diretores vêm fazendo, os Irmãos Dardennes deixaram o final em aberto para que os espectadores participem do processo criativo. Um bom exercício seria pedir para três participantes criarem um final para o filme de acordo com suas percepções e valores.

4. Transpondo para o mundo corporativo – e considerando que os erros fazem parte da condição humana –, pedir para o grupo indicar as lições que o filme traz para os líderes aceitarem as falhas dos seus colaboradores e os reconduzirem para o caminho do acerto.
5. Propor ao grupo um debate em torno dos conceitos expostos no livro Auto-Liderança – Uma Jornada Espiritual, de Robson Santarém, que estabelece uma relação entre o individual e o coletivo e mostra – através de muitos ensinamentos de São Francisco de Assis – como conviver com nossos semelhantes.

Ficha Técnica:

Título original:	Le Fils
Título da tradução brasileira:	O Filho
Ano:	2002
País:	Bélgica/França
Diretores:	Jean-Pierre Dardenne e Luc Dardenne
Roteiro:	Jean-Pierre Dardenne e Luc Dardenne
Fotografia:	Alain Marcoen
Edição:	Marie-Hélène Dozo
Atores principais:	Olivier Gourmet, Morgan Marinne, Isabella Soupart
Gênero:	Drama
Duração do filme:	103 minutos

O Carisma do Cinema Iraniano

*Uma fábula sobre o amor,
a solidariedade e o Irã contemporâneo*

Contando histórias simples e aparentemente ingênuas, visualmente ricas e plasticamente irretocáveis, o cinema iraniano traz uma forte carga poética incorporada em personagens representando pessoas comuns do povo – herdeiros e guardiães de uma cultura milenar extremamente complexa.

Por abordar temas universais sempre relacionados ao ser humano e a momentos de muita ternura e inocência, conseguem uma identificação imediata com o espectador.

Essa simplicidade pode ser vista no filme de Majid Majidi, Filhos do Paraíso (Bacheha – Ye Aseman), sobre um casal de irmãos pobres que somente têm um par de sapatos cada um para ir à escola. Majid parte desse fato simples para falar sobre a importância da solidariedade e sobre a sociedade iraniana.

A história toma seu rumo quando Ali (Amir Farrokh Hashemian) perde o sapato de sua irmã, Zahra (Bahare Seddiqi). Filhos de uma família extremamente carente, a solução que eles encontram é dividir um par de tênis velhos para ir à escola. Zahra usa os tênis de manhã, e à tarde entrega-os ao irmão.

Na casa pobre de subúrbio de Ali e Zahra vive uma família digna, e não há infelicidade.

É evidente a influência no filme do neo-realismo italiano, que coloca em primeiro plano as pessoas comuns, suas vidas, suas alegrias e tristezas, enfim, a realidade levada às telas.

Um ponto importante do filme é a apresentação da sociedade iraniana contemporânea, quando pai e filho visitam a parte rica da cidade oferecendo serviços de jardinagem: as primeiras cenas mostram um Irã quase pré-industrial, religioso e conservador.

Quando passam pelo centro de Teerã, outra realidade se impõe: carros modernos, edifícios luxuosos, telefones celulares evidenciam o contraste naquela sociedade, mostrado por Majid com extrema sutileza e de uma forma que só o cinema consegue ensinar sem ser didático.

Filhos do Paraíso é para pessoas sensíveis, em que a fantasia é utilizada para mostrar o amor entre as pessoas, as soluções criativas, a ternura e também a necessidade de uma luta constante para um mundo sem desigualdades sociais.

Majidi diz que o seu cinema é para e sobre pessoas e, ao colocar fantasia em seus filmes, procura trazer um pouco de esperança a um mundo que considera cada vez mais difícil e complicado. Segundo ele, suas produções não podem mudar o mundo, mas se conseguir mudar a cabeça de uma só pessoa, isso já será um começo.

Filhos do Paraíso concorreu, em 1999, ao Oscar de melhor filme estrangeiro com Central do Brasil, de Walter Salles e A Vida é Bela, de Roberto Benigni, que acabou levando o prêmio.

Temas:

Criatividade, humanismo, padrões culturais, traços de cultura, solidariedade.

Sugestões para o Debate:

1. Dividir os participantes em grupos e propor um trabalho em torno das seguintes questões:

    - comentar a solução encontrada pelos dois irmãos (Ali e Zahra) de dividir um par de tênis velhos para ir à escola;
    - em uma transposição para nossa vida pessoal e profissional, estimular o relato de experiências semelhantes, em que a solidariedade e o desprendimento foram fundamentais para a solução de problemas e conflitos;

- com o filme em mente, e em uma transposição para o contexto corporativo, estimular o grupo a uma reflexão sobre as etapas do processo decisório – definição do problema, seleção e escolha das alternativas e sua implementação – e as variáveis que interferem no processo, como o raciocínio lateral, a intuição e a emoção.

2. Sugerimos uma reflexão em torno do pensamento de Antônio Damásio sobre a ligação da área emocional com a razão e a influência direta nas decisões que as pessoas tomam.

Ficha Técnica:

Título original:	Bacheha – Ye Aseman
Título da tradução brasileira:	Filhos do Paraíso
Ano:	1999
País:	Irã
Diretor:	Majid Majidi
Roteiro:	Majid Majidi
Fotografia:	Parviz Malekzaade
Edição:	Hassan Hassandoost
Atores principais:	Amir Farrokh Hashemian, Bahare Seddiqi
Gênero:	Drama
Duração do filme:	89 minutos

Não Espere que as Coisas Mudem... Mude Você

Uma fábula para todas as idades

Dos sinais de fumaça e sons de tambores do passado à Internet de hoje, parece não haver limites ao progresso, quando se trata de encontrar o melhor meio de enviar uma mensagem.

Na área de Treinamento e Desenvolvimento, por exemplo, são cada vez maiores as possibilidades de tornar um programa mais motivador ou propiciar uma assimilação mais rápida pelas pessoas. Só para lembrar algumas: o teatro, o psicodrama, a música, as histórias em quadrinhos, o cinema e, neste último, o filme de animação, cada vez mais enriquecido com as técnicas de digitação computadorizada, estão aí disponíveis para serem usadas.

O resultado de uma pesquisa denominada "Mitos, Símbolos e Metáforas" – realizada pelo Laboratório de Pesquisa sobre Infância, Imaginário e Comunicação (Lapic), um grupo multidisciplinar ligado à Universidade de São Paulo (USP) – concluiu que a maioria dos desenhos animados pode ser um eficiente instrumento pedagógico para transmitir valores éticos, morais e modelos de comportamento.

Essa introdução vem a propósito do filme FormiguinhaZ (Antz), o filme de animação de Eric Darnell e Tim Johnson, primeiro desenho produzido pela Dreamworks, que estreou em um terreno até então totalmente dominado pela Disney.

O filme é uma fábula de como as pessoas determinadas a mudar sua vida podem fazê-lo através do empenho pessoal. É o que acontece com a formiga Z, que vive uma vida infeliz e decide que as coisas não podiam ficar assim – e que vai mudar sua vida.

A história se passa dentro de um formigueiro onde é reproduzido, como em uma metáfora, o nosso mundo aqui fora: há formigas guerreiras como Cutter; há as privilegiadas e poderosas como a princesa Bala; há formigas operárias como Z; e há as autoritárias como o General Mandíbula que, utilizando um discurso populista, pretende conquistar as formigas operárias para dar um golpe e tomar o poder. Nessa aventura do bem contra o mal, o filme é também uma denúncia muito pertinente sobre o suposto "lugar" das pessoas em uma sociedade discriminatória.

O filme, intencionalmente, não é direcionado apenas para crianças. Tanto que ele é cheio de referências ao mundo adulto: a primeira cena, por exemplo, mostra Z em uma consulta com um psicólogo.

FormiguinhaZ enche os olhos. Os desenhos são encantadores, assim como as mensagens mostrando que quando você quer uma coisa e vai à luta, as forças do universo parecem conspirar a seu favor.

Como na cena em que as formigas cantam os versos inesquecíveis de John Lennon: "All we are saying, is give Z (peace) a chance".

Temas:

Busca de objetivos, clima organizacional, competição, comportamento de grupos, conflito, desenvolvimento de equipe, ética, liderança, luta pelo poder, persistência, preconceito, solidariedade, sonhos.

Sugestões para o Debate:

1. Em uma transposição da vida das formigas para o dia-a-dia das pessoas nas organizações, pedir para cinco participantes relatarem experiências em que:

- situações semelhantes à de Z, que, infeliz e insatisfeito com sua vida, conseguiu, através da criatividade, do diálogo e da articulação, mudar o rumo das coisas;

- os jogos de poder contribuíram para alterar ou ameaçar estruturas consolidadas;

- as diversas formas de poder – legítimo, coercitivo, de competência, de referência – permearam as relações entre as formigas;

- como as decisões tomadas por quem detém o poder, de forma unilateral, podem ser prejudiciais para qualquer projeto em andamento.
2. Propor um debate sobre as 50 regras de liderança listadas por Tom Peters, entre as quais o entendimento que os líderes devem ter quanto ao fato de que o poder está cada vez mais difuso, as alianças estão sempre mudando e os canais de decisão são fluidos e indiretos.
3. Propor um debate em torno do mundo competitivo dos filmes de animação. A chegada ao mercado de mais estúdios de animação, e a concorrência daí resultante, tem contribuído para o aumento da qualidade dos desenhos, cada vez mais encantadores e inovadores e, trazendo, em ordem crescente, uma variedade enorme de opções para os espectadores e também para os que utilizam tais filmes para fins educacionais.

Ficha Técnica:

Título original: Antz
Título da tradução brasileira: FormiguinhaZ
Ano: 1998
País: EUA
Diretores: Eric Darnell e Tim Johnson
Roteiro: Todd Alcott, Chris Witz e Paul Weitz
Edição: Stan Webb
Voz de Z: Woody Allen
Gênero: Animação
Duração do filme: 83 minutos

Acima do Bem e do Mal

*Filme de Michael Mann extrapola
o seu tema principal e expõe
bastidores do jornalismo*

Atenção: "revelar a verdade pode ser prejudicial", diz a publicidade do filme O Informante (The Insider), de Michael Mann, que adaptou para as telas a história real de Jeffrey Wigand, a partir do artigo "The Man Who Knew Too Much", da jornalista Marie Brenner.

Mas, apesar de a frase fazer uma alusão clara à tarjeta colocada nos pacotes de cigarro sobre os perigos do fumo, "O Informante" é muito mais do que um filme contra a indústria do fumo. Mann coloca em discussão questões profundas relacionadas com a ética, a quebra de confiança e do sigilo e suas possíveis conseqüências, a liberdade de imprensa e, principalmente, sobre o poder cada vez maior que as grandes corporações e a mídia adquiriram atualmente.

O filme acompanha a história de Wigand, um especialista em endocrinologia e bioquímica. Em 1989, ele foi contratado pela companhia de cigarros Brown & Williamson, uma subsidiária da British American Tobacco, para chefiar o departamento de pesquisas da empresa.

Em 1993, Wigand foi demitido porque se recusava a cooperar no desenvolvimento do uso químico da amônia para aumentar a "eficácia" dos efeitos da nicotina nos cigarros fabricados pela companhia.

Antes de sair, porém, Wigand é devidamente alertado pelos patrões no sentido de cumprir o contrato de sigilo que o proíbe de revelar relatórios da empresa, sob pena de ser processado e perder o seguro médico para sua família, garantido no acordo de rescisão.

As ameaças, no entanto, não impedem que Wigand conceda uma entrevista bombástica a Lowell Bergman (interpretado por Al Pacino) – produtor do programa 60 Minutos da poderosa Rede de TV CBS – revelando as práticas da Brown & Williamson e as pesquisas da indústria tabagista.

A partir daí, a vida de Wigand torna-se um inferno: ele é alvo de uma campanha difamatória, começa a sofrer ameaças de morte e é abandonado por sua família, que não suporta a pressão exercida sobre todos. Por fim, acaba se refugiando em um hotel para afogar-se na bebida.

A entrevista, no entanto, não vai ao ar. Bergman – que não havia medido esforços para convencer Wigand a depor – é informado de que a reportagem foi cancelada porque poderia provocar um processo contra a CBS e prejudicar a transação que ela vinha fazendo com a Westinghouse Electric, que culminou com a compra da emissora em 1997.

Inconformado com a não-transmissão do que poderia ser o programa de denúncia mais revelador dos últimos anos – e após Wigand ter se arriscado tanto –, Bergman decide contar a história ao Wall Street Journal. O jornal, surpreendentemente, publica-a no dia seguinte incluindo os bastidores de toda a trama.

O filme deixa claro que, para os envolvidos nessa luta desigual, nada mais será como antes. A vida de Wigand está destruída, e o próprio Bergman pede demissão da CBS, mesmo depois de o programa ter, finalmente, ido ao ar.

O Informante mostra, de forma muito real, a crueza (e a crueldade) do jogo do poder e dos interesses acima do bem e do mal. Mas também mostra como, às vezes, é possível lutar contra isso.

Temas:

Assédio moral, clima organizacional, conflito, ética, liberdade de imprensa, poder empresarial, poder da mídia, negociação, responsabilidade social, valores.

Sugestões para o Debate:

O filme é bastante rico e permite muitas leituras.

1. Dividir os participantes em grupos e pedir para prepararem um trabalho e conduzirem um debate em torno de algumas das seguintes questões:

    - o poder das grandes corporações e, no caso específico, a atitude da Brown & Williamson;
    - o comportamento de Jeffrey Wigand, em dois momentos: quando se recusou a cooperar para aumentar a "eficácia" dos efeitos da nicotina nos cigarros; e quando concedeu a entrevista ao programa 60 Minutos da CBS;
    - o dilema entre a ética corporativa e a de foro íntimo das pessoas;
    - a cena em que Lowell Bergman diz: "Hoje eu sou o Bergman, da TV CBS. Amanhã, quando eu não estiver mais aqui, as coisas serão diferentes". Debater o fato de que o poder não vem da identidade pessoal de cada um, mas sim da função que ocupa nas organizações. E, principalmente, da própria importância delas;
    - como fica a questão da sustentabilidade em uma empresa fabricante de cigarros;
    - a questão da confiança como um fator cada vez mais importante na cultura corporativa;
    - até onde pode ir o poder da imprensa.

2. Um ponto interessante com relação ao tabaco é um debate em torno do chamado Ponto de Desequilíbrio, proposto por Malcolm Gladwell no seu estudo sobre as mudanças na sociedade, segundo o qual determinada idéia ou conceito pode se tornar repentinamente popular, ou, ao contrário, ser objeto de uma grande rejeição. O cigarro – que foi até glamourizado em décadas passadas e hoje é malvisto e considerado política e socialmente incorreto – pode ser um bom exemplo da tese de Gladwell.

Ficha Técnica:

Título original: The Insider
Título da tradução brasileira: O Informante
Ano: 1999

País:	EUA
Diretor:	Michael Mann
Roteiro:	Michael Mann, Eric Roth e Marie Brenner (artigo)
Fotografia:	Dante Spinotti
Música:	Preter Bourke, David Darling, Lisa Gerrard
Edição:	William Goldenberg, David Rosenbloom, Paul Rubell
Atores principais:	Al Pacino, Russell Crowe, Christopher Plummer, Diane Venora
Gênero:	Drama
Duração do filme:	157 minutos

O Inglês que Subiu a Colina e Desceu a Montanha

Para a população de Taff's Well, um pequeno povoado situado ao sul do País de Gales, ter em seu território uma montanha era muito importante. Isso traria prestígio e encheria de orgulho os moradores da pequena vila, que há muito sonhavam em ter a sua humilde colina reconhecida oficialmente como sendo uma orgulhosa montanha.

Não foi à toa, portanto, que seus habitantes aguardaram com ansiedade o dia em que os cartógrafos federais Reginald Anson e George Garrad chegaram ao pequeno povoado para medir a elevação e dar o veredicto final se de fato ela era uma montanha.

Para que isso acontecesse, era necessário que a altura do monte tivesse no mínimo os mil pés estabelecidos na antiga legislação das comarcas, que definia o que seria uma montanha na nomenclatura geográfica britânica.

Só que, após a medição, os moradores receberam a triste notícia de que a elevação realmente não passava de uma colina e, portanto, não poderia ser reconhecida e catalogada na condição de montanha. Faltava algo em torno de uns míseros dez pés.

Essa história foi adaptada para as telas por Christopher Monger – no filme O Inglês que Subiu a Colina e Desceu a Montanha – que nos mostra, com muita sutileza e de uma forma bem-humorada e convincente, a reação dos moradores ao receberem o veredicto dos cartógrafos.

Após o susto inicial, a história retrata como os habitantes, em um lance de criatividade, abandonam ações tradicionais e previsíveis e encontram uma maneira extremamente inovadora para "virar o jogo".

No primeiro momento, o caminho mais imediato certamente poderia ser tentar convencer os cartógrafos a mudar seu veredicto, ou até a lei, para que a cidade pudesse ter sua "montanha". Contrariamente, no entanto, o raciocínio dos moradores foi outro. Se a lei determinava uma altura mínima de mil pés, não seria por isso que a cidade ficaria sem a sua montanha: a elevação teria essa altura.

E aí surgem os aspectos mais interessantes da história: a mobilização da cidade para obter aterros suficientes para elevar o monte até o tamanho exigido pelas posturas oficiais. Claro que a tarefa não era fácil, mas pouco a pouco os obstáculos começam a ser vencidos; obstáculos esses que, além de surpresas ligadas a condições meteorológicas, vêm de pessoas de caráter duvidoso, dos desanimadores, dos desagregadores, daqueles que querem se aproveitar sempre das situações em benefício próprio. E aí vão passando à nossa frente muitos dos personagens que habitam nosso cotidiano, seja nas organizações, seja na nossa vida pessoal e profissional.

Além dessas questões, o filme traz muitos aspectos interessantes para serem discutidos: vale tudo para alcançar um objetivo sonhado? Até onde vão os artifícios permitidos pelas regras das relações pessoais e quando chega o momento em que princípios éticos estão sendo feridos?

Tudo isso faz de O Inglês que Subiu a Colina e Desceu a Montanha um filme que mostra, acima de tudo, a importância de pensarmos em situações criativas e inovadoras para solucionar problemas difíceis, principalmente utilizando raciocínios laterais e diferentes daqueles tradicionalmente seguidos. E como o trabalho e o esforço coletivo conseguem vencer obstáculos aparentemente insuperáveis.

Temas:

Adaptação a novas formas de ver, burocracia, busca de objetivo, comportamento de grupos, conflito, criatividade, traços de cultura, desafio, trabalho de equipe, ética, liderança, padrões culturais, manutenção de paradigmas, persistência, raciocínio lateral, superação de limites e obstáculos.

Sugestões para o Debate:

1. Dividir os participantes em grupos e propor um debate em torno das seguintes questões tratadas no filme e sua transposição para a área de gestão com pessoas:

   - a liderança formal do padre (ligada ao poder da Igreja) e a liderança informal paralela do Morgan. Eles eram antagônicos, mas se aliaram em um momento em que buscavam o mesmo objetivo. A importância de passar por cima das diferenças quando há uma meta comum a ser alcançada;

   - as renúncias em prol de uma causa maior: O Reverendo abre mão do culto de domingo, a população abre mão do campo de futebol e até Morgan procura melhorar seu relacionamento com o Padre, dispondo-se, inclusive, a freqüentar o culto;

   - Morgan tinha uma rede de conhecimento na cidade: ele sabia com quem podia contar e de que forma cada um podia contribuir. A importância de buscar as fontes certas quando se quer atingir algo;

   - a diferença entre os dois cartógrafos: um era um mero burocrata que queria apenas cumprir as regras e as ordens determinadas e depois ir embora. O outro era flexível e entendeu a cultura da cidade, a importância da montanha para a população, a necessidade de quebrar regras e modelos mentais e se unir ao objetivo comum;

   - a busca da meta foi crescendo e ganhando adeptos. A cidade também foi mudando em termos de relacionamentos, conhecimento das pessoas e utilização do potencial de cada um. Outro ponto é que, desde o início, pessoas que detinham algum poder formal (o reverendo, o policial) ou informal (Morgan) ficaram a favor do movimento. Quando o poder não está contra, é mais fácil superar os obstáculos;

   - embora fosse um objetivo difícil de ser alcançado, desde o início, os moradores acreditavam que era possível atingi-lo. A perseverança ajudou a superar os obstáculos.

2. Pedir para o grupo comentar a cena em que Morgan fala para um habitante da cidade: "Você não quer que a gente não consiga só por sua causa, quer?"
3. Pedir aos participantes para relatarem experiências semelhantes ocorridas em suas empresas, nas quais a criação de uma visão compartilhada foi fundamental para atingir uma determinada meta.

Ficha Técnica:

Título original:	The Englishman Who Went up a Hill but Came Down a Mountain
Título da tradução brasileira:	O Inglês que Subiu a Colina e Desceu a Montanha
Ano:	1995
País:	Inglaterra
Diretor:	Christopher Monger
Roteiro:	Ivor Monger e Christopher Monger
Fotografia:	Vernon Layton
Música:	Stephen Endelman
Edição:	David Martin
Atores principais:	Hugh Grant, Tara Fitzgerald, Ian Hart
Gênero:	Comédia
Duração do filme:	99 minutos

Uma Volta no Tempo

*As Invasões Bárbaras
é um drama comovente a partir
de uma história iniciada nos anos 1980*

Rémy Girard está vivendo seus últimos dias em um hospital de Montreal. Seus amigos, seus velhos amores, seu filho e sua ex-mulher se reúnem em torno dele para uma cerimônia de adeus. Esse é o tema-moldura de As Invasões Bárbaras (Les Invasions Barbares), o belo filme do canadense Denys Arcand, que retoma 17 anos depois os mesmos personagens do Declínio do Império Americano, que realizou em 1986.

As Invasões Bárbaras concorreu à Palma de Ouro em Cannes, onde Arcand ganhou o prêmio de roteiro e Maria-Josée Croze, o de melhor atriz, no papel de uma viciada em heroína, contratada para administrar doses de droga em Rémy a fim de aliviar as dores de sua doença terminal.

Muito mais do que o encontro de velhos amigos e parentes nos momentos finais da vida de um membro do grupo, no entanto, As Invasões Bárbaras é uma volta no tempo, mais precisamente aos anos 1960, e nos sonhos não-realizados de toda uma geração. Arcand vai fundo nos valores da sociedade ocidental contemporânea, em uma referência ao domínio dos poderosos no cenário mundial dos dias de hoje.

Arcand diz que quis apenas constatar uma realidade que a maioria de nós vivenciou. Os personagens – com bom humor, ironia e inteligência – convidam o espectador a refletir sobre idéias e fatos do passado. Os assuntos paralelos giram em torno da Igreja Católica, o sistema de saúde, os sindicatos, as leis, a imigração e muitos outros temas do mundo moderno.

O filme aborda, ainda, o choque de gerações e o conflito de idéias, expressos através dos diálogos entre Rémy, um homem de esquerda com ideais revolucionários que não se realizaram, e seu filho, um pragmático e bem-sucedido homem de finanças no novo mundo da globalização.

As Invasões Bárbaras passa com facilidade da comédia ao drama, com diálogos incisivos e hilariantes em alguns momentos, com frases ternas e comoventes em outros, levando o espectador ora ao riso, ora às lágrimas. E não cai em nenhum momento no melodrama ou na morbidez.

Os atores dão o seu recado com a maior competência, a fotografia de Guy Dufaux e a música do compositor Pierre Aviat estão perfeitamente adequadas à trama. Além disso, contribuem com louvor para o belo filme de Arcand, em última análise, um exercício de meditação sobre a morte, a vida e a história.

Temas:

Comunicação, choque de gerações, conflito, sentido da vida, solidariedade, valores.

Sugestões para o Debate:

O filme é, fundamentalmente, sobre o balanço de uma vida – em termos pessoais, sociais, profissionais e políticos – com seus acertos, erros, lembranças, legados e, principalmente, o orgulho (ou não) do que fizemos e o que mudaríamos em uma nova trajetória, se isso fosse possível.

Sugerimos deixar o debate em aberto e conduzi-lo de acordo com o rumo dado pelos participantes.

Ficha Técnica:

Título original: Les Invasions Barbares
Título da tradução brasileira: As Invasões Bárbaras
Ano: 2003
País: Canadá
Diretor: Denys Arcand

Roteiro:	Denys Arcand
Fotografia:	Guy Dufaux
Música:	Pierre Aviat
Edição:	Isabelle Dedieu
Atores principais:	Rémy Girard, Stéphane Rousseau, Dorothée Berryman, Louise Portal, Marie-Josée Croze, Dominique Michel
Gênero:	Drama
Duração do filme:	99 minutos

Janela da Alma:
Sentidos da Visão e Formas de Olhar

Janela da Alma, o belo filme de João Jardim e Walter Carvalho, é, como diz o próprio Carvalho, "um ensaio sobre o olhar". Na verdade, o filme é muito mais do que isso: suas imagens nos mostram como pode ser pobre a nossa visão do mundo, quando vemos as coisas apenas com os olhos.

A forma que os cineastas encontraram para nos mostrar isso é muito interessante. Através do depoimento de diversas pessoas, algumas famosas e outras anônimas, algumas que enxergam pouco, outras que são totalmente cegas, o documentário aborda o caráter não apenas fisiológico do ver, mas também o psicológico, o filosófico e o cultural. Afinal, tudo que vemos é filtrado pelo nosso conhecimento, por padrões, paradigmas, preconceitos e condicionamentos adquiridos e pela história de vida de cada um de nós.

A imagem matriz do filme é expressa através de cenas noturnas de um passeio de carro que entram intercaladas aos depoimentos. Os autores também foram bastante felizes na escolha dos depoentes – dos 50 ouvidos, 19 foram para a mesa de edição. Dessa forma, passam pelo filme, entre outros, depoimentos do músico brasileiro Hermeto Pascoal, que enxerga muito pouco; do vereador mineiro Arnaldo Godoy, que perdeu a visão aos 17 anos e do esloveno Eugen Bavcar, totalmente cego, mas que exerce a profissão de fotógrafo e já recebeu vários prêmios mundo afora.

São depoimentos repletos de emoção, reflexão e que, acima de tudo, retratam as experiências de vida de seus autores. Três deles marcam bastante o filme. Um é o do escritor português José Saramago, autor de uma trilogia sobre a cegueira dos "videntes", aqueles que olham sem enxergar.

Saramago inicia uma das obras da sua trilogia –"Ensaio sobre a Cegueira" – com o prefácio de um livro de conselhos que diz: "Se podes olhar, vê. Se podes ver, repara". O autor nos faz lembrar "a responsabilidade de ter olhos quando os outros os perderam", em um livro que vai além e fala sobre a ética, o amor e a solidariedade e também sobre a verdadeira forma de ver.

Outros depoimentos marcantes são os de Wim Wenders, o ótimo cineasta de Buena Vista Social Clube e autor do livro " A Arte de Ver", falando sobre o "enquadramento" do olhar; e o da cineasta Agnes Varda, em uma passagem tocante em que ela conta como filmou o marido, o também cineasta Jacques Demy, poucos meses antes de ele morrer. Varda diz que tentou se apoderar da imagem do amado, em uma tentativa de que ele não morresse de todo.

O médico e escritor Oliver Sacks também é um dos depoentes de Janela da Alma. Sacks é autor do artigo " To See and Not to See", no qual o diretor Irwin Winkler se baseou quando adaptou para o cinema a história real de Virgil Adamson, no filme À Primeira Vista. No seu artigo, Sacks conta a história de Virgil, um massagista terapêutico cego desde os 3 anos de idade. Como o cego não tem a memória visual como referência, ele aprendeu outras formas de ver. E, assim, levava uma vida simples e feliz e não via sua cegueira como um problema maior.

Em última análise, o que o filme de Winkler tenta nos mostrar, assim como o de Jardim e Carvalho, é que, para enxergar determinados fatos em sua essência, temos que vê-los com outros olhos. Ou, como diz Saramago, "temos que dar-lhes a volta toda".

O que todos esses depoimentos nos ensinam é que, muitas vezes, temos que passar por um processo de reaprendizagem, abandonar paradigmas, comportamentos cristalizados e, principalmente, conscientizar-nos de que, além da nossa, há muitas outras formas e maneiras de ver os fatos e a vida.

Temas:

Padrões cristalizados, formas de ver, diferenças individuais, novos paradigmas.

Sugestões para o Debate:

1. Pedir para três participantes indicarem o depoimento que mais os impressionou, e por quê.
2. É sabido que olhar para uma situação ou um problema por um prisma diferente permite a visualização de novos ângulos e a possibilidade de conferir a eles uma nova dimensão. Pedir para o grupo uma reflexão em torno do tema.
3. Pessoas portadoras de necessidades especiais utilizam outras formas de expressão como o silêncio, os olhares e os gestos. Com isso em mente, propor ao grupo um debate sobre as diversas formas de comunicação entre as pessoas, principalmente as formas não-verbais que, muitas vezes, predominam nas organizações.
4. Em uma transposição para o mundo corporativo – e considerando que as reações ao que vemos estão diretamente ligadas aos nossos filtros culturais –, pedir para o grupo comentar o papel dos líderes no mundo atual em face desse contexto.
5. Incentivar a narração de experiência de algum membro do grupo ligada ao tema.

Ficha Técnica:

Título original: A Janela da Alma
Ano: 2001
País: Brasil
Diretores: João Jardim e Walter Carvalho
Roteiro e edição: João Jardim e Walter Carvalho
Fotografia: Walter Carvalho
Gênero: Documentário
Duração do filme: 73 minutos

O Que é uma Vida Simples?

O filme Lições de Vida (The Simple Life of Noah Dearbom), de Gregg Champion, inspirado em uma história real, narra a história de um homem de 91 anos.

Ele é Noah Dearbom, o personagem – título, um carpinteiro interpretado por Sidney Poitier. Noah é uma pessoa saudável e, apesar da idade, ainda está em atividade levando uma vida simples e caseira e exercendo a carpintaria, um ofício que ele ama e no qual é um excelente profissional.

Mora em um sítio de bom tamanho junto à cidade, porém sua casa é modesta, não tem eletricidade nem máquinas ou aparelhos modernos. Mas ele parece feliz e é respeitado pela comunidade onde vive.

Um dia, ele recebe a visita de executivos de uma empresa que desejam comprar suas terras para construir um grande centro comercial.

É claro que Noah vai recusar e logo a insistência dos executivos cria um drama que transpõe os limites de sua casa. Sua vida, até então rotineira e tranqüila, transforma-se em um pesadelo.

Os donos da empresa, a fim de conseguir a compra das terras, contratam uma psicóloga – namorada de um deles – para fazer uma avaliação de Noah, na tentativa de considerá-lo mentalmente incapaz.

Mas as coisas não saem como a empresa esperava. Ela se encanta por Noah, pela sua vida simples e por suas idéias. Acaba adquirindo a confiança dele e se tornando sua aliada na ajuda para que ele resista à venda da casa.

Ao lado da trama de Noah, o filme vai mostrando coisas paralelas: a própria atitude de Noah é estranha. Ao lado da vida simples e aparentemente feliz que ele leva, fica evidente que traumas de infância deixaram marcas que o impedem, por exemplo, de se ligar mais nas pessoas e até a amar alguém. Seu único interesse na vida parece ser o seu trabalho de carpinteiro.

O personagem é muito bem interpretado por Sidney Poitier, veterano ator do cinema americano. Na época em que o filme foi feito, Poitier estava beirando os 80 anos, mas como seu personagem, aparentava menos idade.

Abrindo um parêntese, Poitier ganhou um Oscar em 1963 por Uma Voz nas Sombras (Lilies of the Field). Na ocasião, ele repetiu um feito que havia demorado muito para acontecer: o prêmio do Oscar ser conferido a um ator negro. A primeira pessoa a recebê-lo tinha sido Hattie Mac Daniel, em 1939, pelo seu papel de babá da heroína Scarlet O'Hara em O Vento Levou. De lá para cá, poucas vezes o fato tem se repetido.

Lições de Vida levanta muitas questões. Apesar de Noah ser um homem bom, até que ponto a inflexibilidade de suas ações pode ser questionada? Por que tantas pessoas se tornam isoladas e reprimidas na demonstração da afetividade, mesmo em um coletivo como o ambiente de trabalho? Como isso afeta os demais?

Além desses tópicos, o filme discute, também, o progresso desumano, as pressões que o poder pode exercer, a ética e outros aspectos das relações humanas. Como o da decisão da psicóloga que, após pesar os aspectos positivos e negativos do comportamento de Noah, preferiu ficar do lado da boa conduta, da ética e da solidariedade, e se tornar sua aliada.

Embora o diretor pudesse ter dispensado algumas cenas que pecam pelo excesso melodramático, Lições de Vida passa sua mensagem e ganhou o prêmio da Image Award por ser um filme especial e que trata de um tema relevante.

Temas:

Adaptação a novas formas de ver, abuso de poder, choque de cultura, conflito, ética, humanismo, meio ambiente, manutenção de paradigmas, negociação, problemas de comunicação, reaprendizagem, resistência às mudanças, responsabilidade social, solidariedade, valores, sentido da vida.

Sugestões para o Debate:

O primeiro ponto a ser enfocado é relacionado com o fato de o filme ser baseado em uma história real. A partir daí, uma das formas é que o debate seja livre e o direcionamento siga o rumo dado pelos participantes.

Outras Sugestões:

1. Como compatibilizar os aspectos inevitáveis e irreversíveis do progresso com os necessários cuidados, de modo que ele não leve à adoção de ações desumanas.
2. O comportamento de Noah Dearbom, principalmente o relacionado com a sua inflexibilidade e o seu isolacionismo. Em uma transposição para as organizações, debater como pessoas com o seu perfil podem afetar o grupo no qual estão inseridas.
3. A atitude da psicóloga e seu posicionamento contra a empresa e a favor da solidariedade e de uma conduta ética.
4. A forma como a empresa conduziu a questão.
5. O relato pelos participantes de experiências semelhantes ocorridas em suas vidas e/ou nas empresas em que trabalham.
6. As lições que podem ser tiradas do filme para nossas vidas, como pessoas e como profissionais.

Ficha Técnica:

Título original: The Simple Life of Noah Dearbom
Título da tradução brasileira: Lições de Vida
Ano: 1999
País: EUA
Diretor: Gregg Champion
Roteiro: Gregg Champion

Fotografia: Gordon Lonsdale
Música: Joseph Bonlan
Edição: Gib Jaffe
Atores principais: Sidney Poitier, Dianne Wiest, Mary-Louise Parker
Gênero: Drama
Duração do filme: 85 minutos

Matrix Reloaded Reacende o Debate entre o Homem e a Máquina

Filme traz importantes reflexões para o ser humano na sua vida profissional e pessoal

Matrix Reloaded (The Matrix Reloaded) foi o segundo filme da "trilogia cibernética" iniciada com Matrix e encerrada com Matrix Revolutions, sucesso de crítica e de público no mundo inteiro. Além de ter sido precedido de uma intensa campanha de marketing quando do seu lançamento, a fita trouxe a reboque um dos videogames mais caros já lançados e uma série de curtas animados.

Para nós, profissionais de recursos humanos, ele traz também um aspecto importantíssimo: a descrição de um mundo virtual e o questionamento em até que ponto a humanidade poderá desfrutar do progresso e da tecnologia que ela mesma criou sem ter que renunciar à sua própria condição humana e a tudo o que vem junto com ela.

Mas antes de entrarmos no cerne da questão, vamos lembrar, para aqueles que não estão ligados na série, a essência da trama: Neo, comandante dos rebeldes humanos, tem 72 horas para evitar a invasão de máquinas que controlam o mundo e, ajudadas por satélites, tentam destruir Zion, o esconderijo-refúgio da humanidade. As lutas entre humanos e máquinas desse filme de ficção já fazem parte da antologia de efeitos especiais em uma época em que o cinema os adota de uma forma cada vez mais avassaladora.

A trilogia foi dirigida pelos irmãos Andy & Larry Wachowski e, a exemplo do primeiro filme da série, tem no elenco Keanu Reeves, Laurence Fishburne, Carrie-Anne Moss e Hugo Weaving.

Matrix, que iniciou a série, arrecadou 450 milhões de dólares em todo o mundo e alcançou o recorde de um milhão de cópias em

DVD vendidas. Teve o aval majoritário da crítica e foi motivo de debate em vários círculos formados por intelectuais que incluíram filósofos, teóricos do futuro, estudiosos de ficção científica, religião e literatura.

Muito já foi escrito para explicar esse poder de atração da trilogia e o fascínio que exerce nas pessoas desde o início da série, que já levantava questões como o controle da sociedade, valores permanentes da humanidade, mundo virtual × mundo real e as contradições entre homens e máquinas, o mundo do futuro e os perigos da deificação da tecnologia.

São aspectos que nos tocam muito de perto, já que fazem parte de nossas vidas como pessoas e profissionais, mas, principalmente, colocam uma chama a mais no desafio de gerir pessoas no turbulento mundo de hoje.

O filme levanta questões de elevado teor filosófico e ideológico. Não é à toa nem por acaso, portanto, que o grande mentor dos diretores de Matrix seja Cornel West, o professor da Universidade de Princeton, autor de Prophesy Deliverance e Race Matters, obras que discutem o impacto do desenvolvimento tecnológico na ciência e na História.

Esse fato também ajuda a explicar as reflexões e os questionamentos que o filme provoca. Um deles, e talvez o mais crucial, está no dilema entre viver em um mundo confortável onde tudo é absolutamente previsível, cômodo e racional, ou conviver com um mundo dominado pelo ser humano e seu componente de instabilidade comportamental onde tudo pode mudar, onde as emoções predominam e onde as mutações do ambiente externo determinam atitudes diferenciadas e nem sempre ao alcance e previsão de controles. Enfim, o risco de viver em um mundo entrópico onde cada vez mais predominam a incerteza, a insegurança, a irracionalidade, as diferenças econômicas e a possibilidade de falhas de toda ordem.

O filme nos lembra que esse "novo mundo cibernético" em que passamos a viver está nos levando a uma crença – e a uma dependência – cada vez maior em sistemas racionais e tecnológicos e a uma grande descrença e descrédito na capacidade do ser humano de gerir a si próprio, as instituições e as organizações que ele mesmo criou.

O grande desafio será encontrar os caminhos que conciliem esses dois mundos e onde, cada vez mais, a área de recursos humanos tem certamente um papel fundamental.

Talvez, em uma primeira instância, sua maior responsabilidade seja ajudar na conscientização de que estamos realmente vivendo uma nova era e, mais do que nunca, em várias áreas das empresas – seja a de responsabilidade social, de marketing, de tecnologia da informação, qualidade de vida e, principalmente, de desenvolvimento –, o profissional de Recursos Humanos tem que ter uma atuação marcante. Para isso, é preciso que ele tenha uma formação multidisciplinar e seja, acima de tudo, co-autor das estratégias da empresa.

Só nesse patamar será possível ter os elementos para saber discernir e aplicar a melhor forma de compatibilizar esses dois mundos: o do desenvolvimento da tecnologia e o do aprimoramento das relações humanas, promovendo a possibilidade do encontro, da integração, da manutenção dos laços entre as pessoas e de um clima organizacional sadio que permita um efetivo trabalho em equipe.

Warren Bennis, em O Futuro da Liderança, enfatiza que a liderança tem que partir da relação entre duas pessoas ou grupos, em uma demonstração que o relacionamento entre os seres humanos é a chave da questão. A tecnologia e o progresso são apenas meios para que as coisas aconteçam.

Assim, como mostrado no filme em questão, são as competências essenciais do líder que possibilitarão o uso adequado da tecnologia sem abrir mão dos fatores emocionais e afetivos.

Peter Drucker também lembra, no seu estudo sobre o homem, a sociedade e a administração, a importância da tecnologia para engrandecimento do ser humano, a necessidade do ambiente que ele vai construir levando em conta a ecologia social, mas, principalmente, a responsabilidade do administrador em todo esse processo.

Outro desafio importante para o profissional de Recursos Humanos será o relacionado com a natural resistência às novas tecnologias e, em conseqüência, ao progresso que elas possam proporcionar. Nesse aspecto, ele precisará estar bem consciente quanto aos obstáculos que impedem os processos de mudança, como medo do desconhecido, eventuais fracassos anteriores e, principalmente, as dificuldades em desaprender e aprender novamente.

Mas a primeira mudança deverá começar por ele mesmo. Como diz Larry Bossidy no seu ótimo livro "Desafio: Fazer acontecer", entre as competências essenciais do líder, uma das principais, além de conhecer o seu pessoal e sua empresa, é que ele conheça a si mesmo.

Conhecer a si próprio permite encontrar a forma de superar e/ou conviver com as suas limitações pessoais. Consciente de que a área de Recursos Humanos é cada vez mais estratégica nos novos cenários que se anunciam a cada dia, esse novo líder terá condições de – reverenciando o passado, celebrando o presente e delineando o futuro – entender e trazer para sua organização a premissa de que a melhor estratégia não é a de ruptura com o antigo ou a negação do novo, mas, sim, a da conciliação entre as maravilhas da sociedade tecnológica e a manutenção dos valores básicos do ser humano.

Temas:

Futurismo, conflito entre homens e máquinas, luta pelo poder, tecnologia, valores.

Sugestões para o Debate:

1. Dividir os participantes em grupos e propor um trabalho em torno de algumas das seguintes questões:

   - os avanços tecnológicos e os cuidados para que a humanidade possa desfrutar do progresso sem precisar renunciar aos seus valores básicos e aos sonhos de um mundo mais humano e solidário;
   - como compatibilizar, a favor dos seres humanos, o mundo do desenvolvimento tecnológico e o do aprimoramento das relações sociais;
   - o que o futuro tecnológico pode trazer de bom ou de mau para a humanidade e o papel das organizações nesse contexto.

2. A cientista Rosalind Picard, do MIT, lidera um grupo de estudos sobre o que ela chama de computação afetiva, que seria o conceito in-

formatizado de emoção. Propor ao grupo um debate em torno do estudo da pesquisadora e de outros com propostas semelhantes.
3. Conduzir um debate em torno dos aspectos relacionados com a robotização e a relação entre os seres humanos e a máquina.
4. Pedir para o grupo debater as razões do fascínio que filmes semelhantes despertam nos espectadores e o que isso representa em termos de benefícios ou malefícios.

Ficha Técnica:

Título original:	The Matrix Reloaded
Título da tradução brasileira:	Matrix Reloaded
Ano:	2003
País:	EUA
Diretores:	Andy e Larry Wachowski
Roteiro:	Andy e Larry Wachowski
Fotografia:	Bill Pope
Música:	Don Davis
Edição:	Zach Staenberg
Atores principais:	Keanu Reeves, Laurence Fisburne, Carrie-Anne Moss, Hugo Weaving
Gênero:	Ficção Científica
Duração do filme:	138 minutos

Meu Nome é Joe

Cinema humanista de Ken Loach aborda o tema das conseqüências do alcoolismo e do desemprego

A primeira cena do filme de Ken Loach começa em uma reunião dos Alcoólatras Anônimos, com o personagem principal dizendo: "Meu nome é Joe e estou há 120 dias sem beber".

Quando do lançamento do filme, Loach, em várias entrevistas, não perdeu a oportunidade de – através de um gancho com o tema – fazer uma crítica feroz ao problema do desemprego. "Ele acaba com tudo: a família, as esperanças das pessoas, e cria um ambiente propício para os vícios, para a bebida, para o tráfico e para a marginalidade", afirmava.

Esses dois temas – o drama do alcoolismo e o desemprego – são os motes principais da história de Meu Nome é Joe (My Name is Joe). Como temas paralelos, mas engajados na trama, o filme mostra, também, uma história de amor e a importância da solidariedade humana.

A trama se passa em um bairro operário de Glasgow, Escócia, mas poderia acontecer em qualquer lugar do mundo: certamente, aqui no Brasil, existem milhares de casos semelhantes. Joe está no seguro-desemprego, dependendo de pequenos bicos para tentar sobreviver. A história mostra sua batalha cotidiana para conseguir manter sua dignidade em um mundo hostil, em que tudo parece conspirar contra ele. Mas o personagem não é apresentado como vítima: ele resiste e luta para sair daquela situação. Como uma alternativa, treina um time de futebol de várzea de quinta categoria.

Loach explica que inseriu futebol porque considera que ele tem também uma função social. Embora no filme o fato possa parecer escapista, tem tudo a ver com o senso de solidariedade e de apoio. Por meio do envolvimento do personagem com o futebol, o filme procura mostrar tudo aquilo de que Joe é capaz e não exerce porque está desempregado: a sua paixão, a sua responsabilidade com o coletivo, a sua lealdade com o grupo e o seu entusiasmo, coisas que dão sentido à vida.

Por sinal, a equipe comandada por Joe joga com a camisa da seleção brasileira de 1970. Explicando a homenagem, Loach diz que o time retratado no filme é o pior de Glasgow, mas, na cabeça dos jogadores, eles são grandes craques. Por isso, trazem nas costas das camisas os nomes dos maiores jogadores que já existiram.

Loach escapa da cilada fácil de fazer um filme panfletário ou doutrinador, embora seja o trabalho mais amargo de sua carreira. Mas mantém intactos valores e ideais sem deixar de incluir algum humor e romance, o que acentua a condição humana dos seus personagens.

O filme mostra que os milhões de desempregados mundo afora não podem ser vistos apenas como números ou estatísticas. Joe é um desempregado e um alcoólatra, mas, antes disso, é um ser humano no qual pulsa a vontade de (sobre)viver e progredir, necessitando apenas de uma oportunidade real.

A produção de Loach parece até um documentário, investigando de que maneira o sentimento e os padrões éticos do indivíduo conseguem reagir às condições sociais e pessoais mais adversas, sem se deixar abater nem perder a dignidade.

Meu Nome é Joe é um filme forte que lembra a cada um de nós – que em algum momento de nossa vida profissional ou pessoal já tivemos de lidar com esse tipo de problema – que um indivíduo é exatamente isso: uma individualidade que deve ser tratada como tal. Não como mais um número estatístico que venha a comprovar alguma teoria da moda sobre o desemprego ou a marginalidade.

Temas:

Desemprego, drogas (alcoolismo), humanismo, motivação, solidariedade.

Sugestões para o Debate:

O filme aborda um tema que envolve várias áreas da empresa, não apenas a de Recursos Humanos, embora seja importante que o debate seja conduzido por ela.

1. Sugerimos a divisão dos participantes em grupos, para a abordagem de várias reflexões entre as quais:

   - a responsabilidade da empresa quanto à adoção de programas destinados ao estudo e à proposição de medidas e ações que minimizem o problema do alcoolismo;
   - tendo em mente que a responsabilidade social deve ser tratada como um modelo de gestão de negócios – e considerando que as empresas afetam e são afetadas pelas comunidades onde atuam – indicar ações de cidadania, educação, preservação da saúde e qualidade de vida que poderiam ser adotadas por elas;
   - relato pelos participantes de experiências bem-sucedidas relacionadas com o tema em suas organizações;
   - os males da marginalização de pessoas doentes e/ou dependentes de drogas nas empresas e na sociedade, que podem conduzi-las a processos de desmotivação e/ou alienação dos objetivos organizacionais e até de vida.

2. Em grupos formados por participantes da área médica e de psicologia, sugerimos que sejam debatidos outros assuntos, como os relativos a saúde, à qualidade de vida, às medidas preventivas, às parcerias com instituições ligadas ao tema, como os Alcoólicos Anônimos e outros relacionados com a sustentabilidade social, ancorada no princípio da dignidade humana e da solidariedade dos laços sociais.

3. Meu Nome é Joe está incluído entre aqueles filmes que procuram enfocar uma outra visão do cinema, ligada a aspectos sociais e humanistas. Pedir para o grupo debater a contribuição ou não de tais iniciativas para trazer à tona e à discussão os problemas expostos na história.

Ficha Técnica:

Título original: My Name is Joe
Título da tradução brasileira: Meu Nome é Joe

Ano:	1998
País:	Inglaterra
Diretor:	Ken Loach
Roteiro:	Paul Laverty
Música original:	George Fenton
Música adicional:	Ludwig van Beethoven ("Violin Concerto")
Fotografia:	Barry Ackroyd
Edição:	Jonathan Morris
Atores principais:	Peter Mullan, Louise Goodall, David McKay, Anne-Marie Kennedy, David Hayman
Gênero:	Drama
Duração do filme:	105 minutos

Nota:

Filme forte, sexo, violência, palavrão.

Vitórias Podem Exigir Novos Paradigmas

Imaginem a seguinte situação: uma organização está com muitos problemas. Quando alguém de fora – um completo estranho no ninho – é chamado para resolvê-los, tudo pode acontecer. Com ele ou com a organização. Ou com ambos. Quantas vezes já vimos esse filme?

"Mutatis mutandis", esse é o eixo do excelente Momentos Decisivos (Hoosiers), de David Anspaugh.

O filme é uma adaptação para as telas de uma história real ocorrida na cidade de Milan, em 1954, com o inicialmente fragilizado time de basquete de uma pequena escola secundária que, surpreendentemente, acabou ganhando o campeonato estadual de Indiana naquele ano.

Na ficção, o time de basquetebol de Hickory – Indiana, está passando por uma crise. O técnico do time, muito popular entre os moradores, morreu; Jimmy, o melhor jogador da escola, deprimido com a perda do técnico, não quer mais jogar. Há também aquele bêbado contumaz, Shooter, pai de um dos melhores jogadores; e, completando, o basquete é tão importante para o estado de Indiana a ponto de dizerem que por lá, quando os bebês nascem, ganham uma bola de basquete em lugar da chupeta.

Nesse quadro, Norman Dale, um técnico famoso de uma conceituada universidade, mas caído em desgraça por seus excessos temperamentais – e com a meia-idade o aproximando de uma indesejada aposentadoria – aceita o convite para ser o novo técnico do time.

Ao chegar em Hickory, Norman está decidido a fazer com que o time jogue à sua maneira. O choque vai ser inevitável. Seus métodos ortodoxos batem de frente com Jimmy e com Myra, a diretora da escola; e ele ainda vai ter que conviver com a hostilidade da pequena população da cidade – acostumada a dar palpites no time (como acontece aqui, onde cada brasileiro é um técnico de futebol, também lá todos os americanos são *experts* em basquetebol), o que Norman, de forma alguma, admite.

Mas o técnico é extremamente persistente. Além de reerguer aquele time, Norman quer, na verdade, reerguer a si próprio. O filme é uma série de histórias de voltas por cima.

Tudo parece contos do começar de novo: o conto de Norman, o de Jimmy, o de Shooter, o do pequeno time, e ainda o da população da pequena cidade que terá que repensar os seus valores cristalizados e reconhecer que as coisas mudam. E que novas vitórias podem exigir também mudança de antigos padrões.

Em uma das cenas mais marcantes do filme, quando Norman apresenta o novo time para o pequeno estádio da escola completamente lotado, a torcida clama pela presença do ausente Jimmy: "Não se importem com quem não está aqui, mas sim com aqueles que estão", diz Norman, que em cada treino e a cada jogada procura mostrar aos jogadores que é a equipe, o grupo, o que realmente importa e não o destaque individual. Insiste que é sempre a força do coletivo que conduzirá ao melhor resultado. Norman usa o basquete para ensinar aos garotos algo mais sobre a vida.

O que há de especial nesse filme não é apenas a sua história, mas a riqueza de detalhes dos seus personagens, que nos lembra muito do cotidiano de nossas vidas como pessoas e como profissionais.

Anspaugh usa o esporte como pretexto para capturar a natureza orgânica de uma comunidade real, a relação das pessoas com a sua região, a força da cultura e, principalmente, a necessidade de primeiro respeitá-la para somente depois pensar em mudá-la. E a importância do trabalho de equipe quando se quer alcançar alguma coisa que, à primeira vista, poderia parecer inatingível.

Temas:

Busca de objetivo, competição, comportamento de grupos, conflito, desafio, desenvolvimento de equipe, identificação de potencial, liderança, motivação, negociação, novos paradigmas, padrões cristalizados, persistência, trabalho de equipe, resistência às mudanças, superação de limites, valores, estratégias para transpor obstáculos difíceis.

Sugestões para o Debate:

O filme é muito rico e possibilita inúmeras leituras. Uma primeira sugestão seria deixar o debate livre e direcioná-lo de acordo com o rumo dado pelos participantes.

Outras sugestões:

1. Dividir os participantes em grupos e propor discussões de temas específicos, como:

   - o estilo de liderança adotado pelo técnico e a forma utilizada para tentar reerguer o time;
   - o comportamento de Jimmy, o melhor jogador da escola, e sua posição individualista perante o time e a escola;
   - a importância do trabalho em equipe e de uma visão compartilhada para superação de obstáculos e atingimento de objetivos;
   - talento é algo que possa ser descartado por quem o detém? Como estimular seu aproveitamento quando a pessoa que o detém se recusa a exercê-lo?

2. Em uma transposição para a área de gestão com pessoas, incentivar a indicação de situações semelhantes às retratadas no filme, especialmente com relação à quebra de paradigmas e à figura do consultor externo e interno.

3. As lições que o filme traz para nós, como profissionais e como pessoas.

Ficha Técnica:

Título original: Hoosiers
Título da tradução brasileira: Momentos Decisivos
Ano: 1986
País: EUA
Diretor: David Anspaugh

Roteiro:	Angelo Pizzo, baseado numa história real
Fotografia:	Fred Murphy
Música:	Jerry Goldsmith
Edição:	C. Timothy O'Meara
Atores principais:	Gene Hackman, Dennis Hopper, Barbara Hershey, Sheb Wooley
Gênero:	Drama
Duração do filme:	114 minutos

A Música do Coração

*Uma reflexão sobre o trabalho
comunitário e de cidadania*

A Música do Coração (Music of the Heart), de Wes Craven, baseia-se na história verdadeira de Roberta Guaspari e traz inúmeros personagens dotados de bravura, solidariedade e cidadania.

Roberta, interpretada por Meryl Streep, é uma professora de violino em uma escola de um dos bairros mais pobres de Nova York, o East Harlem. Um dia, ela descobre que terá um corte orçamentário no seu programa. Para garantir a continuidade da causa que abraçou, planeja – em uma atitude desesperada – a realização de algo quase impossível: um concerto beneficente no Carnegie Hall, de Nova York. O sofisticado local, certamente, contribuiria para chamar a atenção para a relevância do trabalho e a necessidade de seu prosseguimento.

Como é detalhado no filme, após um enorme esforço, Roberta consegue não só que o concerto seja apresentado por seus alunos e ex-alunos, mas também por músicos famosos – admiradores do trabalho de Roberta – que ficam solidários com ela e com seu projeto.

A roteirista, Pamela Gray, que no trabalho de pesquisa para o filme conviveu intimamente com a valorosa professora e acompanhou de perto todos os problemas que precisou enfrentar para levar adiante o seu trabalho, acha que Roberta encontrou na música, para si e para os outros, um meio para enfrentar os desafios da vida.

Mas o mais importante é o que pensa e diz a própria Roberta. Em um primeiro contato, quando o diretor Craven disse que ela deveria se sentir muito orgulhosa por ensinar os meninos a tocar instrumentos tão belos, Roberta respondeu que o fundamental é estar ensinando a eles a " tocar" suas próprias vidas.

Para a professora, tudo o que ela ensinava – ter disciplina, ser forte, não desistir, ser responsável pelo tom de tudo que se faz – significava, na verdade, ensinar-lhes a superar obstáculos e adversidades.

Mostrando a eles a diferença de algumas ações que são melhores do que outras e a necessidade de dedicarem tempo e disciplina para isso, certamente iriam conquistar um futuro mais promissor.

As palavras dela definem, também, o verdadeiro sentido do trabalho realizado por muitas pessoas que se dedicam a causas semelhantes como a que ela desenvolve.

O filme procura destacar a importância de projetos ligados à inclusão social e à cidadania, cujos resultados podem ajudar pessoas marginalizadas a realmente mudar o rumo de suas vidas.

Um comentário final: A Música do Coração é um filme totalmente atípico na carreira de Craven, autor de muitos filmes de terror, entre eles, o famoso Pânico (Scream) e de suas continuações Pânico 2 e Pânico 3.

Temas:

Aprendizagem, burocracia, busca de objetivos, busca de sonhos, comportamento de grupos, cidadania, desafio, empreendedorismo, humanismo, motivação, persistência, preconceito, solidariedade, superação de limites e de obstáculos.

Sugestões para o Debate:

1. Escolher cinco participantes para formular questões em torno dos seguintes temas:

    - as características e a maestria pessoal de Roberta Guaspari para superar as dificuldades surgidas e sua persistência para vencer os desafios;
    - a superação de obstáculos;
    - as estratégias para contornar adversidades e vencer situações difíceis.

2. Pedir ao grupo para indicar empresas nas quais a sustentabilidade faz parte da estratégia de gestão.
3. Pedir para três participantes falarem sobre programas de sustentabilidade em suas empresas.
4. Discutir como a área de gestão com pessoas pode contribuir para a implementação de uma política de sustentabilidade nas organizações.
5. Pedir ao grupo para narrar experiências nas suas empresas em que situações de crise geraram oportunidades de crescimento.

Ficha Técnica:

Título original: Music of the Heart
Título da tradução brasileira: A Música do Coração
Ano: 1999
País: EUA
Diretor: Wes Craven
Roteiro: Pamela Gray
Fotografia: Peter Deming
Música: Mason Daring e Diane Warren
Edição: Gregg Fratherman e Patrick Dussier
Atores principais: Meryl Streep, Cloris Leachman, Aidan Quinn, Ângela Bassett
Gênero: Drama
Duração do filme: 124 minutos

Uma Fábula sobre a Perseverança

*Nenhum a Menos vai além
da proposta didática*

O filme Nenhum a Menos (Ye Ge Dou Bu Neng Shao), do premiado diretor chinês Zhang Yimou, levou o Leão de Ouro no Festival de Veneza. Recebeu, também, o prêmio de audiência no Festival de São Paulo.

Através de uma história simples sobre o cotidiano de uma escola rural, Yimou pinta um pano de fundo da China de hoje. Além disso, faz uma advertência sobre a pobreza e a evasão escolar, uma questão que, com poucas exceções no mundo contemporâneo, é universal e que, especialmente aqui no Brasil, nos toca muito de perto.

Temas sérios e complexos – divisão de classes, sistemas de informação comprometidos com o *status quo*, normas rígidas, burocracia, traços culturais – são abordados por Yimou em uma narrativa despretensiosa, com atores não-profissionais, como um conto natural que traz o espectador para dentro do filme, uma forte característica do cinema que vem do Oriente.

A trama segue a história de Wei Minzhi (a ótima Minzhi Wei), uma menina de 13 anos que recebe a missão de ser professora interina em uma escola de um vilarejo miserável do interior da China. O professor titular tem que se afastar para visitar a mãe doente e passa rígidas instruções para Wei: ao lado de cuidados de rotina, como não desperdiçar giz, artigo de luxo na escolinha, ele enfatiza, sobretudo, que nenhum dos 28 alunos, sob nenhuma hipótese, pode deixar de freqüentar as aulas. Se ela conseguir cumprir essa tarefa, ganhará 10 yuans a mais do que o pagamento combinado.

Para Wei, manter todos na sala passa a ser mais importante até do que ela poderia ensinar àquelas crianças, que são apenas um pouco mais jovens do que a sua inexperiente professora.

A responsabilidade sobre os ombros de Wei vai ficar ainda mais pesada quando o garoto Huike (Zhang Huike) foge para a cidade em busca de trabalho. Nesse momento, o filme cresce no seu aspecto didático; há um problema real a ser solucionado e Wei convoca toda a classe para ajudar a resolvê-lo.

Mas as coisas não vão ser fáceis. Será necessário usar a criatividade, enfrentar uma série de obstáculos e dificuldades e, acima de tudo, não fraquejar e seguir em frente para trazer Huike de volta para a escola.

O talento de Zhang Yimou nos traz um filme comovente e terno sem derrapar na pieguice e no lugar comum em nenhum momento, até mesmo quando temos que acompanhar Huike buscando comida nas ruas da cidade e a peregrinação de Wei para tentar ajudá-lo. Para isso, tem que enfrentar uma série de dificuldades impostas pelas posturas urbanas, bem como conviver com a indiferença e a desconfiança das pessoas.

Através do drama das duas crianças, Yimou nos mostra, em uma metáfora, como a pobreza força famílias chinesas a se mudarem para as cidades, afetando, conseqüentemente, a freqüência nas escolas rurais; como os programas de tevê tiram proveito dos dramas do cotidiano; como as cidades grandes podem ser selvagens; mas, acima de tudo, como as qualidades de alguns seres humanos podem ter a força e a perseverança de superar situações extremamente difíceis.

Nenhum a Menos é um filme sobre a nobre arte de ensinar. Mas os ensinamentos que Yimou quer passar ultrapassam os limites da escola convencional; seu filme tenta mostrar que, na escola da vida, cada dia pode ser um momento e uma oportunidade para novos aprendizados.

Temas:

Aprendizagem, burocracia, busca de objetivos, comportamento de grupos, desafio, humanismo, poder e oportunismo da mídia (tevê), padrões culturais, persistência, superação de limites e obstáculos, traços de cultura.

Sugestões para o Debate:

1. Pedir para o grupo comentar o procedimento de Wei e sua tenacidade em cumprir as recomendações do professor titular da escola.
2. Propor um debate em torno da função social da escola, principalmente no mundo individualista e competitivo de hoje.
3. De que forma as organizações – já que afetam e são afetadas pelo meio onde atuam – podem fazer a sua parte para diminuir a desigualdade social? Pedir para o grupo relatar experiências em torno do tema.
4. Propor ao grupo uma reflexão sobre o papel da tevê como instrumento de mudanças na sociedade e até onde pode ir o seu poder de explorar os dramas do cotidiano.
5. Os aprendizados do filme e sua aplicação na nossa vida pessoal e profissional.

Ficha Técnica:

Título original:	Ye Ge Dou Bu Neng Shao
Título da tradução brasileira:	Nenhum a Menos
Ano:	1999
País:	China
Diretor:	Zhang Yimou
Roteiro:	Xiangsheng Shi
Fotografia:	Yong Hou
Música:	Bao San
Atores principais:	Minzhi Wei, Zhang Huike
Gênero:	Drama
Duração do filme:	103 minutos

Olhos Azuis – uma Aula Contra o Preconceito e a Discriminação

Olhos Azuis (Blue Eyed), de Bertram Verhaag, é um documentário baseado na experiência denominada "Olhos Azuis, Olhos Castanhos", realizada por Jane Elliot, uma ex-professora de escola primária de Riceville, Iowa, nos EUA.

Em 1968, em uma escola em que lecionava – somente para brancos – Elliot iniciou um programa educacional sobre a questão do racismo.

A experiência constituiu no seguinte: Elliot dividiu a turma em dois grupos, um composto de pessoas com olhos castanhos, outro com as de olhos azuis. As que tinham cor de olhos que não se enquadravam nesses grupos – verdes ou avelãs – foram deixadas de lado.

Após dividir a turma, ela afirmou que os possuidores de olhos castanhos eram superiores aos demais porque possuíam maior quantidade de melanina. Por outro lado, os que tinham olhos azuis eram estúpidos, preguiçosos e não mereciam confiança.

Para tornar mais real sua experiência, procurou tirar alguns direitos dos que tinham olhos azuis e procurava sempre conceder mais benefícios para aqueles que tinham olhos castanhos.

Como Elliot esperava e tinha pré-formulado em sua hipótese, as pessoas de olhos azuis começaram a se retrair e se sentir inferiorizadas diante das de olhos castanhos. Estas, por sua vez, passaram a demonstrar toda a superioridade que imaginavam possuir, apenas por ter olhos castanhos.

Elliot afirma que, em todos os lugares onde foram feitos experimentos similares, as pessoas nunca mais esqueceram como se sentiram. Ela relatou que alguns dos estudantes mais ativos e brilhantes ficavam extremamente passivos por terem sido discriminados. Diversos alunos até esqueceram como ler e multiplicar, porque faziam parte do grupo que era considerado "preguiçoso e ruim".

A professora quis provar com sua verificação racial da realidade que o preconceito é facilmente apreendido, e, assim como pode ser criado, pode ser destruído.

Apesar da ótima intenção de Elliot, as pessoas se dividiram quanto à sua experiência, não apenas pelo experimento em si, mas também pelas conseqüências que poderiam deixar naqueles que participaram do programa. Os que eram contrários se manifestaram de várias formas; alguns de maneira extremada. Elliot e sua família chegaram a ser ameaçados de morte.

O documentário realizado por Verhaag sobre a experiência de Elliot é forte e causa desconforto ao ser assistido. No entanto, é um ótimo filme para debater o preconceito não apenas contra as pessoas de cor, mas também – em uma extensão do tema – sobre todos que sofrem qualquer tipo de discriminação, ou seja, homossexuais, deficientes, judeus, mulheres e ainda aqueles pertencentes às classes econômicas e sociais menos favorecidas.

Temas:

Comportamento de grupos, ética, novos paradigmas, preconceito, discriminação, racismo, reaprendizagem, valores.

Sugestões para o Debate:

1. Dividir os participantes em grupos e propor a realização de um trabalho em torno das seguintes questões:

   - a experiência da professora Jane Elliot;
   - a ética que deve ser seguida na realização de experimentos, seja com seres humanos, grupos ou animais;
   - a importância de – na realização de uma experiência – considerar todas as variáveis envolvidas, como legais, humanas, sociais, cul-

turais, éticas e, principalmente, quanto às conseqüências que podem gerar no futuro para os envolvidos.
2. Com o filme em mente, pedir para o grupo indicar situações de preconceito e discriminação que já vivenciaram ou das quais tiveram conhecimento.
3. Colocar em debate outras formas de racismo e preconceito no contexto corporativo.

Ficha Técnica

Título original: Blue Eyed
Título da tradução brasileira: Olhos Azuis
Ano: 1996
País: EUA
Diretor: Bertram Verhaag
Roteiro: Bertram Verhaag
Fotografia: Waldemar Hauschild
Música: Frank Loef e Wolfgang Neumann
Edição: Uwe Klimmeck
Gênero: Documentário
Duração do filme: 90 minutos

O Amor é Contagioso

A frase acima é o subtítulo do filme Patch Adams e ilustra um dos momentos da trama, quando Patch pergunta à namorada: "Se todos sabem como o amor é importante, então por que tão raramente o demonstramos?"

A história do médico Patch Adams, transformada em filme por Tom Shadyac, é real. Quando era um pouco mais do que um adolescente, Patch se internou por conta própria em uma clínica psiquiátrica devido a uma forte depressão. Lá, pôde observar muito de perto como os médicos são treinados – e até encorajados – a se distanciar emocionalmente dos seus pacientes. Ainda no hospital, ele tomou a decisão de mostrar que, ao lado de remédios, cirurgias e prescrições, também um pouco de amor, alegria e humor podem ajudar muito àqueles que têm possibilidade de cura, bem como minorar o sofrimento daqueles que não têm. Para levar à frente a sua visão não-ortodoxa de tratamento médico, saiu da clínica onde estava internado e foi estudar medicina para, como disse, usá-la como veículo de mudança social e profissional.

Sabemos como métodos profissionais que fogem do convencional sempre encontram forte resistência do *status quo*. E Patch a encontrou logo no topo da organização: o diretor da faculdade não aceita que ele se vista de palhaço para alegrar o pavilhão das crianças com câncer ou que cante músicas para pacientes que estão em estado terminal.

Após ser ameaçado de expulsão da faculdade, é julgado por uma comissão corregedora estadual e absolvido da acusação de prática ilegal da medicina, pois havia aberto uma clínica gratuita com outros estudantes para poder aplicar os seus métodos inovadores.

O filme é tratado em tom de comédia dramática, e Robin Williams interpreta bem o personagem principal, em um tipo de papel que já se está especializando.

Mas o ponto alto é a mensagem: envolvimento e amor podem e devem ser utilizados como instrumentos de cura. E o conservadorismo no tratamento dos problemas – sejam eles do campo de atividade que forem – somente impede o avanço da técnica e do progresso profissional. Uma idéia que certamente pode ser aplicada, não apenas naquela da ética médica, mas em todas as áreas, no dia-a-dia de nossas vidas.

Em tempo: as técnicas criadas por Patch Adams hoje são usadas em diversas clínicas americanas.

Temas:

Aprendizagem, abuso de poder, assédio moral, busca de objetivo, clima organizacional, comportamento de grupos, criatividade, desafio, ética, humanismo, novos paradigmas, persistência, resistência a mudanças, reaprendizagem, responsabilidade social, solidariedade, valores.

Sugestões para o Debate:

1. Pedir para três participantes relatarem uma experiência – pessoal ou não – em que:

   - modelos mentais e paradigmas arraigados impediram que novas técnicas e/ou métodos fossem introduzidos na empresa, mesmo em caráter experimental;
   - práticas tradicionais foram substituídas por projetos inovadores em função do surgimento de alguém ou de algum grupo que liderou uma proposta de mudança;
   - empregados e/ou gerentes foram marginalizados na empresa por trazerem idéias novas que poderiam ameaçar o *status quo* existente.

2. Comentar as experiências que médicos, como Patch Adams, e instituições como os Doutores da Alegria e outros estão realizando, em uma forma de usar terapias fora do convencional e que possam curar ou, pelo menos, amenizar os males de pacientes internados em hospitais. Debater a questão das pesquisas de vanguarda, como a das células-tronco, por exemplo.
3. Debater a importância da alegria e do humor no ambiente de trabalho.

Ficha Técnica:

Título original:	Patch Adams
Título da tradução brasileira:	Patch Adams, o Amor é Contagioso
Ano:	1998
País:	EUA
Diretor:	Tom Shadyac
Roteiro:	Patch Adams (livro) e Maurenn Mylander (livro)
Fotografia:	Phedon Papamichael
Música:	Marc Shaiman
Edição:	Don Zimmerman
Atores principais:	Robin Williams, Daniel London, Mônica Potter, Philip Seymour Hoffman, Bob Gunton
Gênero:	Drama
Duração do filme:	115 minutos

Procurando Nemo

Uma fábula, uma parábola ou simplesmente uma história sobre a vida no mundo de hoje?

Certamente, todos nós nos lembramos dos desenhos animados que povoaram nossa infância: a Cinderela, a Bela Adormecida, a Branca de Neve. Era um tempo em que a Walt Disney Pictures reinava absoluta, um tempo em que desenho animado e Disney eram quase sinônimos. Só que aquele tempo foi mudando e o poderoso estúdio não percebeu que as histórias de princesas, príncipes encantados e o "felizes para sempre" já não seduziam tanto. Ao amargar alguns fracassos e, literalmente, tomar um susto com o sucesso de filmes como FormiguinhaZ – o primeiro desenho produzido pela Dreamworks – e Shrek, que lhe tirou o Oscar concedido pela primeira vez a filmes de animação (justo dela que lutou anos para a criação desse prêmio), a lendária produtora finalmente viu que o mundo onde reinava absoluta havia mudado, que deitar nos louros ou repetir fórmulas já não convenciam tanto. E resolveu mudar também: mudou seus filmes, seus temas, seu estilo e até sua forma autônoma de produzir, através da realização de uma parceria com a Pixar Animation Studios.

E é a Pixar que – após os ótimos Toy Story e Monstros S.A. – traz-nos, nessa co-produção com a Disney, o delicioso Procurando Nemo (Finding Nemo), de André Stanton e Lee Unkrich. E o que Procurando Nemo tem de diferente? Quase tudo, a começar pelo público para o qual se dirige: se você é criança, jovem, adulto, homem, mulher, pai, filho ou neto, não importa quem seja ou do que se ocupe, esse é um filme feito para você.

A história – desenvolvida em uma animação fantástica e com um visual deslumbrante – é simples: Marlin é um peixe que vê sua família ser destruída justamente quando Coral, sua doce esposa, espera pelo nascimento de seus 400 peixinhos. Só lhe sobra um pequeno ovo – Nemo – que será criado com excesso de zelo, no temor de perdê-lo também. Mas o filhote cresce e chega o momento de seguir seu caminho superando limites e, no caso, também suas limitações individuais (sua barbatana direita é atrofiada). Um dia, para desafiar o pai superprotetor, Nemo vai nadar em mar aberto e é capturado por um dentista australiano de Sidney.

A partir daí, o filme segue dois pólos: a busca de Marlin por Nemo e as tentativas de Nemo de fugir do aquário onde foi aprisionado.

No final, pai e filho se reencontram e vão compreender coisas muito importantes a respeito da vida: Marlin vai saber que não há como impedir alguém de crescer, e Nemo vai descobrir que, às vezes, basta querer para que limites possam ser superados.

No desenrolar desse tema aparentemente simples, nós também podemos refletir sobre muitas coisas: entre elas, a superação das perdas, as dificuldades da vida, a necessidade de assumir riscos (para conhecer as maravilhas do oceano, Nemo tem que conhecer também os seus perigos), os conflitos entre gerações, a importância da perseverança, os ritos de passagem e as dores do amadurecimento, a luta para conquistar posições em outras culturas, o preço da liberdade, a busca de conquistas difíceis, o porvir da experiência, e muitas outras questões que o filme certamente desperta em cada espectador.

Procurando Nemo é tão leve e tão gostoso de se ver que a gente não percebe de imediato a seriedade e a profundidade dos assuntos que aborda, ao contar uma simples história sobre peixes e oceanos. Mas, quando nos damos conta, estamos também mergulhados de cabeça no seu cenário.

Temas:

Aprendizagem, equipe, humanismo, superação de limites, desafio, busca de objetivo, assunção de riscos, conflito, choque de gerações, persistência, solidariedade, valores.

Sugestões para o Debate:

1. O filme é bastante rico e permite muitas leituras. Após sua exibição na íntegra, sugerimos dividir os participantes em grupos e solicitar uma reflexão em torno de algumas das seguintes questões:

   - a perda da família criou um modelo mental forte em Marlin ligado ao medo, à insegurança e à indecisão de levar uma vida normal. Fazendo uma metáfora com o filme e a violência do mundo atual – principalmente nas grandes cidades –, pedir para o grupo sugerir mecanismos que possam ser utilizados para que as pessoas não se sintam cada vez mais acuadas;

   - a cena em que Marlin diz para Nemo que "não vai deixar que nada aconteça a ele", uma afirmativa que obviamente impediria Nemo de adquirir experiência e se preparar para a vida;

   - Marlin tem um problema crônico de não confiar. A confiança não é apenas racional, ela tem também um componente emocional. Considerando que estudos ultimamente realizados indicaram a confiança como um fator importante da cultura organizacional, sugerimos a transposição do tema para o mundo corporativo;

   - a importância da assunção de riscos abordada no filme e seu paralelo com o dia-a-dia das organizações;

   - o relacionamento entre pais e filhos na época atual e a projeção para um estágio futuro;

   - as lições que o filme traz para nós, como profissionais e como pessoas.

2. Propor um debate em torno do mundo competitivo dos filmes de animação com a entrada no mercado de empresas com propostas inovadoras, como a Dreamworks e a Pixar.

Ficha Técnica:

Título original: Finding Nemo
Título da tradução brasileira: Procurando Nemo
Ano: 2003
País: EUA

Diretores: André Stanton e Lee Unkrich
(co-diretor)
Roteiro: André Stanton
Fotografia: Sharon Calahan e Jeremy Lasky
Edição: David Ian Salter
Gênero: Animação
Duração do filme: 100 minutos

Recursos Humanos, um Enfoque Além do Tema

Desde o seu início, o cinema vem mostrando filmes que, de uma forma ou de outra, abordam o mundo do trabalho. Um dos mais conhecidos surgiu no longínquo 1927, quando Charles Chaplin estreou o seu genial Tempos Modernos, satirizando a industrialização e, sobretudo, a alienação no trabalho e seus efeitos no ser humano.

Outros exemplos clássicos são Almas em Chamas, de Henry King, um estudo sobre estilos de liderança; e Doze Homens e uma Sentença, de Sidney Lumet, sobre os vários fatores que podem influir no processo decisório. Outros cineastas, como os irmãos belgas Luc e Jean-Pierre Dardenne, com Rosetta, e o inglês Ken Loach, com Meu Nome é Joe, mostraram, em forma de uma poderosa denúncia, como a perda do emprego afeta as pessoas, suas famílias e a sociedade.

O diretor francês Laurent Cantet, por sua vez, escolheu o assunto para tema principal de seus filmes, procurando sempre abordar ou se inspirar em histórias que realmente aconteceram. A Agenda, por exemplo, impressiona pela veracidade com que descreve o drama de um homem que acaba de ser demitido e perde suas referências.

Em Recursos Humanos (Resources Humaines), um dos seus filmes mais elogiados e premiados, Cantet conta a história de um estagiário que, contratado para trabalhar em uma empresa, acaba sendo indiretamente um dos responsáveis pela demissão de seu próprio pai, antigo funcionário da fábrica.

Inspirado em fatos reais, o filme começa com uma cena em família. Frank, um jovem de 21 anos, acabou de se formar em Paris e está retornando à sua pequena cidade natal. A família o espera na estação: a irmã casada e seus dois filhos, o cunhado, a mãe e o pai, Jean Claude.

Frank voltou para se candidatar a um cargo de estagiário na área de recursos humanos da empresa onde Jean Claude trabalhou por 30 anos. À noite, após o jantar, cenas mostram um pai muito preocupado dando instruções ao filho para a entrevista do dia seguinte. Entre outras coisas, insiste que Frank deve sempre respeitar o seu chefe, mesmo que tenha que minimizar a importância de ter sua própria opinião.

A partir daí, o filme segue Frank durante suas primeiras semanas no trabalho, período em que todas as discussões têm como pano de fundo a chamada Lei Aubry, sobre a introdução das 35 horas de trabalho nas empresas francesas, no início dos anos 1990.

Preocupado com o crescente atrito entre a gerência e os trabalhadores, Frank sugere a realização de uma pesquisa para ouvir a opinião dos empregados. Aos poucos, o jovem estagiário vai descobrir que ele e seu questionário foram instrumentos fortuitos para outras decisões que serão tomadas pela gerência da fábrica, que, na realidade, objetivava a redução de quadros.

Embora Recursos Humanos mostre todos os conflitos decorrentes do fato, não são esses os principais momentos da trama. Na verdade, aborda muitos outros temas. É um filme sobre sentimentos, conflitos entre as vidas profissional e pessoal, choque de gerações, diferença de percepções, ascensão social e o perigo de ressentimentos acumulados que permeiam as mais simples interações do trabalho e da existência das pessoas.

Frank encontra uma barreira cada vez maior com seus velhos amigos, com os sindicalistas, com a direção da empresa e com o comportamento de seu velho pai. Este, habituado a ter uma atitude passiva a vida inteira, não luta nem questiona nada, mesmo quando sabe que vai ser dispensado: ao contrário, vai para seu posto de trabalho, para sua máquina, como em um reflexo condicionado. Mesmo nos feriados, ele trabalhava em um torno em sua garagem, parecendo não ter identidade própria sem a máquina, um parceiro simbiótico.

Frank não sente piedade pelo pai, mas sim um misto de vergonha e desespero, na tentativa de despertá-lo. Na verdade, eles estão cada vez mais distantes, e aos seus olhos o pai é patético, um homem que vive em um mundo interior vazio. Sejam quais forem as idéias ou opiniões que um dia possa ter tido, ele já as perdeu há muito tempo.

Dentro do conceito de cinema/verdade seguido por Cantet, as cenas duram pouco, apenas o tempo suficiente para passar a mensagem. Também não há trilha sonora, a não ser músicas inseridas no contexto, como as que estejam tocando no rádio do carro.

Outro ponto interessante do filme é que não há atores profissionais. A única exceção é Jalil Lespert, que interpreta o jovem Frank. Os demais eram trabalhadores desempregados recrutados em agências de empregos, cada um fazendo a mesma posição de trabalho que exercia em sua vida real. Jean Claude Vallod, que interpreta o personagem com o mesmo nome, tem um desempenho impressionante: triste, olhos sem foco, sua timidez é tanto uma condição física quanto um estado emocional.

E, como os demais filmes do diretor, o final é aberto. Como ele mesmo diz, os problemas, a busca de soluções e a vida continuam. Assim, a partir das reflexões do espectador provocadas pelo filme, ele espera que elas possam contribuir para o debate e a melhoria nas relações no mundo do trabalho.

Temas:

Assédio moral, clima organizacional, competição, comportamento de grupos, choque de gerações, conflito, cultura organizacional, ética, fragmentação do trabalho, mudança de conceitos, negociação, diferenciação de padrões, poder empresarial, alienação do trabalho.

Sugestões para o Debate:

O filme permite muitas leituras. Sugerimos dividir os participantes e pedir para cada grupo fazer um trabalho em torno de um dos temas a seguir e em seguida expor e debater com todos.

- A cena à noite, após o jantar, quando o pai, muito preocupado, dá instruções a Frank para a entrevista do dia seguinte, explicando como deve respeitar o seu chefe, mesmo que tenha de minimizar a importância de ter sua própria opinião.
- O papel da área de recursos humanos (RH).

    Qual foi o papel do RH em todo o processo? Houve uma participação efetiva como um condutor da política de RH da empresa? Ou foi apenas um executor de ordens e normas estabelecidas?
- Relações sindicais.

    Discutir o conflito entre capital e trabalho nos dias atuais. O mundo mudou, as empresas mudaram e também a forma de atuar na mesa de negociações. A relação sindical também está mudando e hoje há um outro olhar sobre o assunto.
- Fragmentação do trabalho. Atividades repetitivas.

    O filme retrata uma antiga realidade que continua existindo hoje. O pai do protagonista passou a vida inteira realizando tarefas rotineiras e atividades motoras, em seqüência.

    Jamais parou para refletir ou para pensar, emitir sua opinião sobre os fatos e as coisas que estavam acontecendo ao seu redor. Ele encarava a relação de trabalho apenas como a de submissão.
- Conflito.

    O drama do estagiário – a tentativa de conciliar o lado dos operários, o lado da empresa, o lado da família e o seu próprio lado. O fato de que os estudantes saem dos bancos escolares diretamente para encarar a realidade vigente.

    O dilema do estagiário quando era questionado: "De que lado você está?"

    A colocação do chefe para o estagiário: "Um dia você vai estar do lado de cá, exercendo o poder".
- Liderança.

    Qual o papel do líder, hoje? Os estilos de liderança. A importância de lidar com a emoção dos liderados.
- Cultura organizacional.

    Os valores e as crenças dos empregados foram considerados?

- Choque de gerações e percepções.
  O pai estava preso aos seus valores tradicionais, aos seus padrões, não conseguia mudar o paradigma. A visão diferente de duas gerações sobre a mesma questão. O discurso do filho ao tentar despertá-lo.
- Abolição das fronteiras.
  Entre vida profissional, vida familiar e vida comunitária.

Ficha Técnica:

Título original:	Resources Humaines
Título da tradução brasileira:	Recursos Humanos
Ano:	1999
País:	França
Diretor:	Laurent Cantet
Roteiro:	Laurent Cantet e Gilles Marchand
Fotografia:	Matthieu Poirot-Delpech
Edição:	Robin Campillo e Stephanie Leger
Atores principais:	Jalil Lespert, Jean-Claude Vallod, Chantal Barré, Véronique de Pandelaère, Michel Begnez
Gênero:	Drama
Duração do filme:	100 minutos

Cuidado com seus Sonhos, Eles Podem se Realizar

A frase do título acima – de autoria do poeta gaúcho Mário Quintana – resume toda a história real de Daniel Ruettiger, adaptada para a tela pelo diretor David Anspaugh no seu filme Rudy, de 1993. Uma história que fala de sonhos, ou melhor, da persistência em perseguir um sonho.

Rudy, como Daniel era conhecido, tinha um sonho: entrar para a Universidade de Notre Dame e jogar no time da escola. E, para realizá-lo, estava disposto a tudo.

Tudo, no entanto, estava contra ele. Rudy era pobre, franzino, pouco brilhante e vivia com sua família – todos operários siderúrgicos – na pequena cidade de Joliet, Indiana. Estava longe de conseguir alcançar as notas exigidas para entrar na Universidade e, à exceção dele mesmo, ninguém acreditava nele.

A família, os amigos, os professores, os vizinhos, todos procuravam mostrar a Rudy que ele não tinha força nem inteligência suficientes para entrar em uma universidade de elite como a Notre Dame. Jogar no famoso time de futebol americano da faculdade, então, nem pensar.

Mas nada conseguia demovê-lo. Seu desejo era tão forte que apenas usar o uniforme do time, pegar na bola pelo menos uma vez durante todo o campeonato ou, simplesmente, conseguir colocar seu nome nos arquivos da Universidade, já lhe bastavam. E, para isso, ele parte para a luta.

Consegue inicialmente ser aceito em outra universidade perto da Notre Dame – a Holy Cross –, e, depois de um enorme esforço para obter as notas necessárias, entra na sonhada Universidade. Como não tinha dinheiro para pagar o alojamento da escola, dormia em um canto da sala de material de limpeza do estádio. E, após enfrentar toda sorte de adversidades, consegue passar em um teste da equipe de futebol. Classifica-se em último lugar apenas para jogar nos treinos, sem sequer ter o direito de ficar no banco dos reservas e assim vestir o uniforme da universidade para os jogos oficiais. Nada, no entanto, esmorece-o.

O pai e todos que o conhecem acham que ele enlouqueceu, mas Rudy vai provar o contrário. Um dia finalmente, quando aparece uma chance de entrar em campo, ele ajuda o time a vencer a final.

O filme tem uma força que nos envolve. De uma forma ou de outra, cada espectador encontra uma maneira de se identificar com aquele garoto persistente que batalhava com chances mínimas para alcançar o que queria, mesmo que isso fosse um sonho que todos achavam delirante e impossível.

A história de Rudy é, acima de tudo, uma poderosa ilustração da força de vontade do ser humano, capaz de tornar seus sonhos uma realidade, mesmo quando desprovido de grandes talentos ou inteligência acima da média.

Temas:

Busca do objetivo, busca do sonho, desafio, persistência, solidariedade, superação de limites, valores.

Sugestões para o Debate:

1. Pedir para três participantes conduzirem um debate em torno das seguintes questões:

    - as motivações que levaram Rudy a batalhar, mesmo com chances mínimas, para alcançar o que queria;
    - a persistência na luta para transformar sonhos em realidade;
    - a superação de obstáculos e a busca para atingir objetivos, mesmo em condições muito adversas;

- a importância da figura do mentor;
- as lições que o filme traz para nós, como pessoas e como profissionais.

2. Em uma transposição para a área de gestão com pessoas, propor um debate em torno do significado e da satisfação no trabalho.
3. Em uma metáfora com o filme, propor um debate em torno da questão das escolhas que fazemos na vida, tanto em termos profissionais quanto pessoais.
4. Estimular o relato de algum participante sobre uma experiência semelhante à história real de Rudy.

Ficha Técnica:

Título original:	Rudy
Título da tradução brasileira:	Rudy
Ano:	1993
País:	EUA
Diretor:	David Anspaugh
Roteiro:	Angelo Pizzo
Fotografia:	Oliver Wood
Música:	Jerry Goldsmith
Edição:	David Rosenbloom
Atores principais:	Sean Astin, Jon Favreau, Ned Beatly
Gênero:	Drama
Duração do filme:	116 minutos

O Papel do Consultor

Spotswood – Um Visitante Inesperado (The Efficiency Expert) é um filme de 1992 cuja história se passa na Austrália, nos anos 1960.

A trama acontece em torno de uma fábrica de sapatos mocassim que está passando por sérias dificuldades de mercado. A empresa é uma organização familiar estruturada nos moldes antigos, em uma época em que tradição, sentimentos familiares e paternalismo contavam mais do que lucros e cotas determinadas de produção. E o seu produto havia caído de moda.

O dono, Mr. Ball (Alwyn Kurts), é um gerente realmente preocupado com as pessoas e que estabelece com seus empregados uma relação paternalista, bastante condizente com seus sólidos princípios em que ideais de lealdade e dignidade humana contam muito mais do que valores financeiros.

O filme segue o dilema desse homem – uma pessoa efetivamente não-preparada para o mundo atual –, que começa a sentir a necessidade de fazer alguma coisa urgente antes de ver a possibilidade de sobrevivência de sua empresa perdida para sempre.

Bem-sucedida no passado, ela não se adaptou à nova realidade empresarial. Manteve os mesmos métodos que já não respondem aos novos tempos em que palavras como competitividade, foco no cliente, eficiência, marketing, produtividade e outras ditam as novas regras do mercado.

Um consultor inglês – Errol Wallace (Anthony Hopkins) – é contratado com a missão de tentar recuperar a empresa e salvá-la da falência total. Ele é um consultor duro, quase irredutível na aplicação dos seus métodos, e é com essa conduta que começa a investigar as razões que conduziram a fábrica ao estágio atual.

No desenvolvimento do seu trabalho, vai encontrar muitas coisas funcionando inadequadamente, mas ao mesmo tempo suas atitudes iniciais vão se alterando lentamente. Depois de um certo tempo, ele começa a questionar o seu próprio desempenho.

Na verdade, Wallace atua como consultor de empresas, mas ele mesmo não tem um rumo para sua própria vida. Desempenhando aquela função, também está na busca de soluções para os problemas pessoais e dramas existenciais que está vivendo.

O filme traz muitos temas para análise. Inicialmente, coloca em evidência qual deve ser exatamente o papel do consultor, uma figura muito presente nas organizações, mas que nem sempre leva aos resultados que dele se espera. Outro ponto interessante para debate se relaciona com a questão das empresas familiares e ainda aspectos ligados ao paternalismo e os males que ele pode causar não apenas à empresa, mas também aos próprios empregados.

Através da análise do comportamento humano e das relações entre as pessoas, Spotswood permite muitas leituras. A história é inspirada em outro filme, o ótimo Local Hero, uma trama baseada em episódio real sobre um executivo que recebe a missão de construir uma refinaria de petróleo na Escócia.

Embora aborde um tema sério, Spotswood é estruturado na forma de comédia com tons às vezes dramáticos, o que, em parte, é conseguido pelo sólido desempenho de Anthony Hopkins.

Temas:

Clima organizacional, comportamento de grupos, conflito, cultura organizacional, desemprego, ética, motivação, resistência a mudanças, choque de culturas, *downsizing*, paternalismo, padrões cristalizados, reaprendizagem, valores, sobrevivência.

Sugestões para o Debate:

1. Dividir os participantes em grupos e propor a realização de um trabalho em torno das seguintes questões:

   - o dilema e as decisões de Mr. Ball, o dono da fábrica de sapatos;
   - a conduta de Errol Wallace, o consultor inglês;
   - os procedimentos dos empregados diante da questão.

2. Propor um debate em torno das empresas familiares.
3. Pedir para dois participantes conduzirem um debate em torno da figura do consultor externo e do consultor interno.
4. Solicitar aos participantes o relato de situações semelhantes ocorridas em suas empresas.
5. Debater o conceito de Peter Block exposto no seu livro "Consultoria: O Desafio da Liberdade", sobre o que ele considera "uma consultoria impecável", seja interna, seja externa.
6. Propor um debate em torno da dominância de empresas poderosas em detrimento das pequenas e o desaparecimento forçado das lojas familiares, dirigidas por pequenos negociantes. Considerar que, muitas vezes, o fechamento das pequenas lojas não se deve, simplesmente, à competição com uma empresa mais poderosa, mas também pelas taxas subsidiadas oferecidas exclusivamente para elas.

Ficha Técnica:

Título original:	The Efficiency Expert
Título da tradução brasileira:	Spotswood, um Visitante Inesperado
Ano:	1992
País:	Austrália
Diretor:	Mark Joffe
Roteiro:	Max Dann e Andrew Knight
Fotografia:	Ellery Ryan
Música:	Ricky Fataar

Edição: Nicholas Beauman
Atores principais: Anthony Hopkins, Ben Mendelson, Alwyn Kurts, Bruno Lawrence, John Walton.
Gênero: Drama
Duração: 85 minutos

O Preço do Sucesso

"Uma história para todas as pessoas que trabalham para sobreviver"

Essa é a chamada do filme O Sucesso a Qualquer Preço (Glengarry Glen Ross), de James Foley. Inspirado em uma experiência real vivida pelo autor do roteiro do filme – o diretor e dramaturgo David Mamet – mostra a pior face da área de vendas americana.

A história se passa em uma empresa imobiliária de Chicago, onde quatro corretores tentam desesperadamente manter o seu emprego e "não há lugar para perdedores".

Conforme declarou Mamet em entrevistas no lançamento do filme, nessa empresa, as pessoas tinham que vender a alma para conseguir sobreviver. Uma absurda escala de prêmios deveria ser obedecida, segundo o que cada empregado conseguisse vender mensalmente: ao melhor vendedor, o prêmio era um Cadillac; ao segundo, um jogo de facas para churrasco; ao terceiro, um bilhete azul, ou seja, a demissão.

No seu excelente roteiro, Mamet reconstruiu os personagens com quem conviveu: o gerente que agia apenas guiado pelas rígidas normas e pelo instinto de sobrevivência; o empregado decadente que luta para manter um mínimo de dignidade naquele ambiente hostil; o clima de total desconfiança no grupo, anulando qualquer possibilidade de trabalho em equipe e estimulando a competição selvagem entre todos os membros da empresa. E o resultado – obviamente desastroso – foi mera conseqüência natural de uma política gerencial autodestrutiva.

O filme consegue captar esse clima sufocante e toda a angústia que domina os personagens, sensação que é acentuada pelas locações escolhidas – basicamente os escuros interiores de um escritório e de um restaurante. Assim, para o espectador um sentimento de claustrofobia e de que não havia evidência de vida lá fora.

No auge do desespero para salvar seu emprego e sua família, os vendedores perdem a noção de princípios básicos ligados à ética e passam a agir segundo normas darwinianas totalmente contrárias aos mínimos princípios de convivência profissional e social.

O Sucesso a Qualquer Preço é um retrato inesquecível de como a busca de sucesso ou da mera sobrevivência no emprego levada a extremos e a pressão obsessiva na obtenção de lucros dominando o clima organizacional podem levar à destruição de todos os códigos morais que governam o comportamento pessoal e coletivo. O resultado, às vezes, é a inexorável derrocada dos componentes da organização e possivelmente dela própria.

Temas:

Assédio moral, clima organizacional, competição, comportamento de grupos, conflito, cultura organizacional, ausência de trabalho em equipe, ética, motivação, poder empresarial, sobrevivência, valores.

Sugestões para o Debate:

1. Pedir para o grupo analisar o procedimento dos personagens do filme quanto às suas posturas éticas, ao controle emocional, à competitividade e à convivência social e profissional.
2. Pedir para o grupo analisar as políticas e o clima organizacional da empresa em questão.
3. Pedir para dois participantes narrarem experiências ligadas ao tema do filme e, posteriormente, debater os resultados dessas experiências com o grupo.
4. Propor um debate em torno dos principais fatores que atuam em determinadas pessoas e as impedem de mudar o rumo ou decidir o caminho de suas vidas.
5. Analisar os limites que devem existir na competição interna entre os empregados.

6. Em um paralelo com a vida real, debater os malefícios de um clima organizacional opressivo, agressivo e intimidador.
7. Tendo em mente as situações mostradas no filme, propor ao grupo um debate em torno de a questão da confiança ser considerada uma prática de gestão a ser seguida pelos líderes em suas empresas.
8. Deixar em aberto e conduzir o debate de acordo com o direcionamento dado pelos participantes.

Ficha Técnica:

Título original:	Glengarry Glen Ross
Título da tradução brasileira:	O Sucesso a Qualquer Preço
Ano:	1992
País:	EUA
Diretor:	James Foley
Roteiro:	David Mamet, baseado numa experiência pessoal
Fotografia:	Juan Ruiz Anchía
Música:	James Newton Howard
Edição:	Howard E. Smith
Atores principais:	Al Pacino, Jack Lemon, Alec Baldwin, Kevin Spacey, Ed Harris, Jonathan Pryce
Gênero:	Drama
Duração do filme:	100 minutos

Quando o Trabalho é uma Fonte de Orgulho e Prazer

Há alguns anos, uma estação de televisão carioca fez uma matéria sobre a inauguração de um viaduto. Enquanto as câmeras se posicionavam para as filmagens e os repórteres procuravam os melhores lugares para entrevistar autoridades, um homem vestido com simplicidade, acompanhado de uma mulher, caminhava vagarosamente pelo viaduto, parando em alguns pontos e apontando para determinados trechos em outros.

Despertados pela curiosidade ou por uma possível oportunidade para ilustrar a matéria, alguns jornalistas quiseram saber quem era aquele homem, e ouviram de um dos engenheiros da obra que era um pedreiro que havia trabalhado na construção. Uma repórter, então, aproximou-se dele e perguntou o que fazia naquele lugar e naquele momento: "Vim mostrar para minha mulher o viaduto que eu construi", respondeu à jornalista, surpresa.

Ao ver a matéria, meu primeiro impulso foi aprofundar aquela cena, procurar saber quem era aquele homem, em que condições trabalhava, enfim, o que fez para que aquele pedreiro tivesse a noção exata de que, em vez de "colocar tijolo sobre tijolo", ou erguer uma coluna ou uma laje, ele havia realmente – junto com seus companheiros – construído um viaduto. Infelizmente, outras prioridades tomaram o lugar da minha primeira intenção, o tempo passou e eu perdi a oportunidade de saber toda a história.

Tenho certeza, no entanto, de que fui testemunha da melhor parte dela. E ela remete a um filme realizado em 1936 e que continua tão atual como quando foi lançado: Tempos Modernos (Modern Times), de Charles Chaplin, uma das obras-primas do cinema.

O filme se passa nos anos 1930 e é uma sátira poderosa sobre a vida na sociedade industrial. Chaplin faz uma profunda crítica à industrialização selvagem, ao avanço tecnológico desenfreado e à fragmentação das tarefas. Seu personagem, Carlitos, é operário de uma grande indústria, trabalhando em uma linha de montagem como se ele também fosse uma peça da engrenagem.

Tanto que no filme são as máquinas e as engrenagens que têm som, e não as pessoas: há ruídos de alarmes, campainhas e todos os sons gerados pela tecnologia mecânica da fábrica.

Tempos modernos procura mostrar como o trabalho rotineiro, repetitivo, fragmentado e sem desafios é alienante, não motiva as pessoas e impede que elas visualizem ou sequer entendam para que servirá o produto final do seu esforço.

Mas, embora nada de bom aconteça com os personagens, é um filme otimista.

É também uma profunda reflexão sobre o verdadeiro sentido do trabalho. Afinal, mostra que, acima de tudo, ele tem que ser prazeroso e, ao final de uma tarefa ou de uma empreitada, só terá valido a pena se – a exemplo do operário anônimo – pudermos sentir utilidade naquilo que fizemos e conseguirmos distinguir o valor que cada parcela da nossa contribuição teve para o resultado final.

Temas:

Alienação no trabalho, avanço tecnológico desenfreado, fragmentação das tarefas, motivação, tecnologia.

Sugestões para o Debate:

1. O filme data de 1936 e continua atual nos dias de hoje. Sugerimos propor um debate em torno do fato.
2. Dividir os participantes em grupos e propor a realização de um trabalho em torno das seguintes questões:
    - a importância do significado e do sentido no trabalho;

- os males do trabalho alienado e sem desafios;
- os fatores que motivam as pessoas.

3. Pedir para o grupo fazer a transposição do personagem do filme para a área de gestão com pessoas e para o cotidiano das organizações.
4. Analisar a semelhança da época retratada no filme e o mundo atual, com as conseqüências da tecnologia desenfreada e da pouca atenção que, normalmente, é dada aos seres humanos.
5. Pedir para o grupo debater a seqüência aos 13'50" do filme em que Carlitos aperta os parafusos das máquinas aceleradamente e acaba entrando na engrenagem. É uma das cenas mais importantes do cinema e permite uma forte metáfora com situações vivenciadas em muitas organizações em que as pessoas, nos dias de hoje, ainda são tratadas como peças da engrenagem.
6. As lições que o filme traz para nós, como pessoas e profissionais.

Ficha Técnica:

Título original:	Modern Times
Título da tradução brasileira:	Tempos Modernos
Ano:	1936
País:	EUA
Diretor:	Charles Chaplin
Roteiro:	Charles Chaplin
Fotografia:	Ira Morgan e Rollie Totheroh
Música:	Charles Chaplin
Atores principais:	Charles Chaplin, Paulette Goddard, Henry Bergman
Gênero:	Comédia dramática
Duração do filme:	87 minutos

Ouça o Toque do Oboé

O Toque do Oboé, do diretor brasileiro Cláudio Mac Dowell, traz para nossa reflexão uma questão muito interessante relacionada com a motivação e a criatividade, ambas existentes em cada um de nós, e o que pode ser feito para que sejam despertado nas pessoas o desejo e a possibilidade de grandes realizações.

O filme começa em um povoado paraguaio completamente decadente. Ali, a única esperança para aqueles que ainda podem fazê-lo é deixar a vila e ir para um lugar melhor. E é nesse lugarejo agonizante que um dia chega o músico Augusto (interpretado por Paulo Betti), um forasteiro, cuja única bagagem é o seu oboé.

A chegada desse músico vai provocar uma grande reviravolta no lugar. Uma das moradoras, Aurora (vivida pela atriz Argentina Letícia Vota), uma cabeleireira que havia perdido todos os seus clientes, tem uma idéia: reabrir o único cinema da cidade e tentar convencer Augusto a ajudá-la. Ela pede para ele acompanhar, com seu oboé, uma série de filmes mudos que seu pai exibia quando o cinema funcionava, em um passado muito distante. A princípio, Augusto fica hesitante, mas, depois, concorda e, então, acontece a primeira sessão, seguida de outras.

A partir daí, começam a acontecer muitos fenômenos curiosos: as pessoas, também indecisas no início, passam a freqüentar o cinema, a conversar, a marcar encontros; contatos se realizam, empregos começam a surgir, paixões voltam a renascer, amores e – de forma quase surreal – até "milagres" acontecem. É como se a vida voltasse ao lugar e todos os sentimentos e as realizações que estavam meio que reprimidos ou sufocados naquelas pessoas fossem, de repente, despertados, fazendo com que a cidade e seus habitantes nunca mais fossem os mesmos.

Quando Augusto – que ao chegar ali estava muito doente – morre, os moradores do povoado ficam desolados e desesperados para encontrar alguém que substitua o músico e continue tocando o oboé. Mas, alertados por um jovem morador da cidade, descobrem que não precisam mais dele. Ele foi apenas um instrumento deflagrador para trazer à tona o que já estava dentro de todos eles: a criatividade e a motivação para as realizações e o renascimento.

A metáfora é inevitável: quantas organizações, sobretudo em épocas de crise econômica, entram em rápida decadência e não identificam potenciais que ainda existem no seu mercado, nos seus quadros ou nos seus produtos e que poderiam, como o "toque do oboé", funcionar não como uma tábua de salvação, mas como uma nova etapa para elas e seus empregados?

A criatividade e a não-resistência às mudanças são ótimos antídotos para a crise. E, certamente, os mais baratos.

Temas:

Adaptação a novas formas de ver, criatividade, novos paradigmas.

Sugestões para o Debate:

1. Dividir os participantes em grupos e propor um trabalho em torno das seguintes questões:

   - o papel de Augusto no renascimento da vida na cidade;
   - o que levou os moradores a se sentirem novamente motivados para a vida e para as realizações;
   - como situações de crise podem se transformar em oportunidades.

2. Em uma transposição para as organizações, o que pode ser feito para que sejam criadas condições para a criatividade e para o desenvolvimento das pessoas.

3. Pedir para o grupo indicar exemplos de situações em que um fator foi determinante para ocasionar uma mudança que já estava em processo.
4. Pedir ao grupo para relatar exemplos de organizações que entraram em declínio ou até desapareceram por não conseguirem acompanhar as transformações e/ou não perceberem nichos potenciais de ocupação no mercado.
5. As lições que o filme pode trazer para nossa vida pessoal.

Ficha Técnica:

Título original:	O Toque do Oboé
Ano:	1998
País:	Brasil/Paraguai
Diretor:	Cláudio Mac Dowell
Roteiro:	Joaquim Assis e Hugo Gamarra
Atores principais:	Paulo Betti, Mario Lozano, Arturo Fleitas, Letícia Vota
Gênero:	Drama
Duração do filme:	120 minutos

O Carro de Amanhã – Hoje

Em quase todos os seminários de administração e gerência no mundo contemporâneo, dificilmente algum deles deixa de recomendar aos gestores que realizem seu trabalho visualizando o futuro e pensando no amanhã.

Em uma atitude extremamente visionária, Preston Tucker, um americano que revolucionou a indústria automobilística dos EUA, já pensava assim na década de 1940. Como enunciado no título acima, o slogan do seu projeto era "O carro de amanhã – hoje".

A história de Tucker foi levada às telas por Francis Ford Coppola em 1988, em Tucker, um Homem e seu sonho, que, inspirado no personagem real, se permitiu algumas liberdades normalmente concedidas aos criadores e artistas.

Tucker foi um dos mais perfeitos exemplos de como, com persistência e a tenacidade, é possível vencer obstáculos e atingir objetivos. O seu era montar uma companhia para construir o carro dos seus sonhos.

Ele já era um profissional bem-sucedido na indústria automobilística quando resolveu produzir o seu próprio carro, que apelidou de "o torpedo Tucker", considerado, na época, um veículo de aerodinâmica perfeita.

Quando os três grandes fabricantes de Detroit – Ford, Chrysler e a General Motors – tomaram conhecimento do plano de Tucker, eles se uniram e partiram com todas as armas, judiciais ou não, de que dispunham para liquidar com seu competidor perigoso.

Em uma reconstituição perfeita da Chicago dos anos 1940, Coppola procurou, no entanto, realizar um filme alegre e otimista. Mesmo quando as coisas se tornam muito difíceis para Tucker, o filme mantém um tom otimista ressaltando o mais importante: a incessante e incansável busca da transformação do sonho em realidade. Embora mostrando uma sucessão de correntes negativas para o personagem, há um ar positivo prevalecente na fita.

Uma coisa interessante é que o diretor Coppola tinha igualmente acalentado, há muito tempo, o seu sonho de contar a vida de Tucker. Quando realizou o filme, o consagrado diretor amargava o fracasso de sua última realização – Do Fundo do Coração (embora considerado excelente por muitos críticos). Assim, a realização de Tucker tem um quê de autobiográfico, pois possibilitou a Coppola também a concretização de um objetivo há muito planejado.

Um outro ponto é que Coppola era um grande admirador de Tucker e da luta desigual e sem tréguas que precisou travar para construir o seu "torpedo". O diretor e o produtor, George Lucas – também responsável pelos ótimos efeitos visuais –, são proprietários de dois Tucker verdadeiros cada um. Quando foi lançado no mercado americano, o inovador veículo custava 2.450 dólares, um preço bastante alto para a época.

Por vários motivos, expostos no filme, o carro não pôde ser desenvolvido em escala industrial. Mas ficou na história da indústria automobilística, e da indústria de modo geral, como um dos mais perfeitos exemplos de situações que acontecem e se repetem no cotidiano das organizações: a busca do sonho, a superação de obstáculos, os boicotes, questões relacionadas com ética e poder, abuso dos que detêm o domínio no chamado mercado e, acima de tudo, a lição de que, mesmo não podendo ter continuidade, a visão concretizada de um sonho vale como realização e exemplo a ser seguido.

Temas:

Ausência de justiça, burocracia, busca de objetivo, busca do sonho, competição, conflito, criatividade, desafio, ética, empreendedorismo, futurismo, manutenção de paradigmas, persistência, poder empresarial, superação de limites e obstáculos, tecnologia.

Sugestões para o Debate:

1. Dividir os participantes em grupos e propor um debate em torno das seguintes questões:
   - a persistência e a tenacidade de Tucker;
   - as ações dos fabricantes Ford, Chrysler e General Motors quando tomaram conhecimento dos planos de Tucker;
   - a validade ou não do projeto de Tucker, já que o carro não pôde ser desenvolvido em escala industrial;
   - as estratégias que podem, ou devem, ser seguidas para enfrentar sistemas poderosos;
   - a criatividade e a capacidade inovadoras na criação e na execução de projetos.
2. Transpondo para outras áreas corporativas, propor um debate sobre a ética nos negócios e os limites que devem ser observados para obtenção do lucro.
3. A competitividade abordada no filme e seu paralelo com as organizações – principalmente as de pequeno porte – atualmente.
4. A ameaça que determinadas alianças podem causar, quando não são guiadas por princípios éticos e idôneos.

Ficha Técnica:

Título original:	Tucker, a Man and his Dream
Título da tradução brasileira:	Tucker, um Homem e seu Sonho
Ano:	1988
País:	EUA
Diretor:	Francis Ford Coppola
Roteiro:	Arnold Schulman e David Seider
Fotografia:	Vittorio Storaro
Música:	Carmine Coppola
Edição:	Priscilla Nedd-Friendly
Atores principais:	Jeff Bridges, Joan Allen, Martin Laudau, Frederic Forrest
Gênero:	Drama
Duração do filme:	90 minutos

Viver

Viver é uma produção do diretor japonês Akira Kurosawa. A distribuidora brasileira manteve o título (Ikiru), certamente, porque ele traduz o significado que o filme propõe em torno dos questionamentos do que seja exatamente viver.

O filme se passa logo após a Segunda Guerra Mundial. Kanji Watanabe, um velho funcionário público prestes a se aposentar após 30 anos de trabalho na Tokyo City Hall, descobre que tem uma doença fatal.

Apavorado, sua primeira reação é refugiar-se na bebida. No entanto, ao começar a relembrar sua vida, ele descobre que o pior não é saber que vai morrer brevemente, mas sim que, na verdade, nunca viveu. A dura realidade para Kanji agora é constatar que, pelo menos no sentido real da palavra, aqueles anos todos que ficaram para trás não podem ser chamados de "vida".

Ele decide, então, que não poderá morrer sem realizar algo que dê um verdadeiro sentido à sua existência. E vai dedicar o tempo que lhe resta a esse objetivo.

O drama de Kanji é brilhantemente vivido por Takashi Shimura, um dos maiores atores do Japão que também estrelou Os Sete Samurais e Rashomon, outros clássicos do grande diretor Kurosawa.

Viver é um filme forte e muito interessante porque evidencia também os males da burocracia e do trabalho alienado e vazio. Nas recordações do personagem, são mostradas muitas situações em que idéias e projetos brilhantes não puderam ter continuidade porque esbarraram em normas, escritas ou não, padrões, preconceitos e até impedimentos decorrentes da própria inércia das pessoas em assumir desafios e promover mudanças.

É um filme triste e difícil de ser assistido porque é inevitável a comparação de aspectos da vida do personagem com os de muitas pessoas no mundo atual. A velocidade das mudanças, a busca da sobrevivência e do sucesso a qualquer preço, a violência, as inevitáveis concessões e outros males modernos, muitas vezes, afastam as pessoas, além do desejável, dos valores mais verdadeiros, como, por exemplo, uma convivência mais intensa com a família e amigos, maior parcela de tempo para os trabalhos comunitários, para o lazer e para as atividades que alimentam o espírito.

É quase impossível ao término dele não nos flagrarmos pensando na necessidade de mudar ou reformular algumas situações e aspectos relacionados com a nossa própria vida. Nem que seja pelos próximos 15 minutos, enquanto as imagens permanecem em nossas mentes. Mas isso também é algo para refletirmos a respeito.

Temas:

Alienação do trabalho, burocracia, clima organizacional, conflito, cultura organizacional, humanismo, motivação, padrões cristalizados, resistência a mudanças, valores, análise de problemas e busca de soluções, moral do grupo, sentido da vida.

Sugestões para o Debate:

1. O filme é muito forte e permite várias leituras, principalmente as relacionadas com as escolhas dos seres humanos e o sentido da vida. Uma primeira sugestão seria deixar o debate livre e conduzi-lo de acordo com o rumo dado pelos participantes.

2. Pedir para os participantes relatarem casos semelhantes em suas empresas – vivenciados ou não – em que idéias e/ou projetos brilhantes não puderam ter continuidade porque esbarraram em normas, padrões, modelos mentais, preconceitos e resistência a mudanças.

3. Pedir para o grupo explicar se é fato e por que qualquer profissional que vê sentido no que faz coloca energia e paixão na sua realização.

4. Pedir para o grupo debater os males da visão burocrática no trabalho e nas normas das organizações.

5. Debater alguns conceitos que têm relação com temas abordados no filme, quais sejam:

- a famosa frase de Steve Jobs, co-fundador da Apple, criador da Pixar e também do Ipod: "Se hoje fosse o meu último dia, eu gostaria de fazer o que farei hoje? E se a resposta for não por muitos dias seguidos, sei que preciso mudar alguma coisa";

- tópicos do livro "Executivos: Sucesso e Infelicidade", de Betânia Tanure, cuja pesquisa, com quase mil presidentes e diretores de grandes empresas, concluiu que 84% deles são infelizes, em face das pressões que sofrem e que se transformam em infelicidade e solidão;

- o conceito de empresa inteligente – em que a arquitetura organizacional é construída em função da estratégia de negócios – de Gifford & Elizabeth Pinchot – em "The End of Bureaucracy and the Rise of The Intelligent Organization".

Ficha Técnica:

Título original:	Ikiru
Título da tradução brasileira:	Viver
Ano:	1952
País:	Japão
Diretor:	Akira Kurosawa
Roteiro:	Shinobu Hashimoto, Hideo Oguni e Akira Kurosawa
Fotografia:	Asakazu Nakai
Música:	Fumio Hayasaka
Atores principais:	Takashi Shimura, Nobuo Kaneko, Kyoto Seki
Gênero:	Drama
Duração do filme:	143 minutos

Nota:

O filme exige atenção especial, por causa da lentidão da ação, do clima das imagens, da característica do diretor e do próprio estilo do cinema japonês.

Embora não seja o ideal, pode ser realizada uma seleção de cenas, captando os pontos fundamentais para trabalhar os temas que serão discutidos.

Capítulo 3

Filmes Como Pano de Fundo para T&D

A Contestação Pacífica de um Humanista

Diretor de Mali mostra sua visão política e sua forma desarmada de protesto

O protesto engajado não passa, necessariamente, pelo discurso agressivo ou pela luta armada. Ele pode ser ao mesmo tempo pacífico e até poético, sem deixar de ser firme, afirmativo e de apresentar um fator de autodeterminação, de soberania e de luta por igualdade social.

Essa é a primeira lição que o cinema de Abderrahmane Sissako, da Mauritânia, África, transmite-nos com seu filme inspirado em fatos reais – o comovente À Espera da Felicidade (Heremakono). O filme fala dos relacionamentos humanos, da esperança, do exílio e da importância das tradições.

A história se passa em Nouadhibou, um vilarejo na costa atlântica da Mauritânia. Nesse pequeno universo, alguns personagens que estão à espera de uma chance de encontrar dias melhores se cruzam: Abdallah, um jovem africano, dividido entre o sonho de emigrar para um país europeu e o risco de choque cultural; um velho pescador; uma jovem que, como os outros, também espera o dia de partir; um menino que ensina a Abdallah o idioma local, tirando-o do silêncio em que era obrigado a viver.

Para Sissako, a discussão sobre o ser humano e seu cotidiano é universal. Segundo ele, cada vez que fizermos um retrato físico ou mental das emoções de alguém – seja da África, do Japão, seja do Brasil – e conseguirmos nos reconhecer nele, estaremos atingindo o mundo de maneira universal. Da mesma forma que o seu filme, Sissako é uma pessoa delicada e terna, uma figura doce que coloca emoção em tudo que diz.

Nouadhibou, como conta o diretor, é uma daquelas cidades que são chamadas, no Mali, de cidades de trânsito. É um lugar provisório onde as pessoas têm chance de ganhar algum dinheiro antes de partir para um país qualquer da Europa. Daí o título – Heremakono significa " à espera da felicidade". Através da história dos personagens que estão ali, o filme estende a discussão para um foco mais amplo, a injustiça trazida pela enorme desigualdade social que existe no mundo hoje e que atinge as pessoas como indivíduos, como parte da sociedade e das organizações.

Sissako diz que os seus personagens são inspirados em pessoas reais, e que, no início, havia apenas a intenção da história e uma sinopse ampla. Todas as pessoas foram escolhidas levando em conta a condição de suas próprias vidas. Os jovens estavam realmente ali esperando o dia de partir para algum lugar. Um chinês, por exemplo, pediu para cantar, porque não sabia interpretar. Quando o diretor fez a tradução da letra da música que ele cantou, descobriu que falava do exílio, quer dizer, ele estava ali contando sua vida através da canção.

O filme tem algo de autobiográfico, como se Sissako fosse também um dos personagens, o que acabou sendo confirmado pelo diretor. Segundo ele, qualquer trabalho sincero é autobiográfico, seja um filme, um livro, um quadro, enfim, qualquer projeto pessoal. Quando as pessoas gostam do que fazem, as coisas brotam da alma e essas se colocam ali por inteiro. De uma forma ou de outra, qualquer trabalho também é o resultado da nossa experiência de vida, de como nós somos e de como vemos o mundo.

A visão pessoal do diretor sobre a vida foi fundamental para a emoção transmitida pelos personagens. Sua intenção sempre foi a de que, em vez de o personagem vir ao espectador, este vá ao encontro do personagem. Quando isso acontece, é o espectador que compõe a emoção da história, em cima da sua própria experiência de vida.

É nítida no filme a preocupação de Sissako com as tradições culturais. Para ele, devido à grande força que a imagem do cinema adquiriu em um país pobre de imagens próprias, as pessoas correm o risco de perder o contato com suas raízes, com a sua realidade e adotar apenas padrões culturais de outras nacionalidades. Por isso, a manutenção das tradições de cada povo é importante. No filme, por exemplo, o gesto da mãe jogando a areia ao vento faz parte do ritual do adeus daquela cultura. É um rito que significa a esperança de que um dia o filho possa voltar.

Sissako acredita – e procura mostrar essa crença em seu filme – que qualquer pessoa pode fazer alguma coisa para tornar o mundo mais solidário, menos violento e mais humano. "Um gesto de paz ou de solidariedade pode atingir individualmente uma pessoa, que, por sua vez, contagiará outra que estiver mais perto, depois outra e mais outra, como se fosse uma corrente. São ações que podem mudar o mundo", afirma.

Temas:

Busca de sonhos, choque de cultura, humanismo, padrões culturais, solidariedade, tradições.

Sugestões para o Debate:

1. O filme é muito rico e permite muitas leituras. Sugerimos um debate em torno de algumas das amplas questões que aborda, como:

   - a universalidade do ser humano – hoje ampliada pelos efeitos da globalização – fazendo com que o retrato de um pequeno grupo possa se tornar um exemplo de muitas outras comunidades;
   - a desigualdade na transmissão da informação – principalmente com o surgimento da tecnologia digital –, o que pode levar a que pessoas de países pobres percam o contato com suas raízes e adotem padrões culturais de nacionalidades mais poderosas;
   - os sonhos da emigração em busca de uma vida melhor e os conseqüentes choques culturais;
   - como as questões da imigração impactam na força de trabalho e como elas podem afetar as operações globais da organização.

2. Em uma transposição para o mundo corporativo, propor um debate sobre o multiculturalismo e a necessidade dos profissionais se prepararem para atuar em diversas culturas, através do conhecimento

dos costumes, das regras sociais e dos hábitos de convivência de outros povos.
3. Pedir para o grupo comentar o livro Felicidade, de Eduardo Gianetti, um ensaio sobre a felicidade humana.
4. O filme é autobiográfico. Pedir para o grupo comentar as declarações do diretor de que qualquer trabalho sincero é autobiográfico, seja ele um livro, um quadro, um filme ou um projeto.

Ficha Técnica:

Título original:	Heremakono
Título da tradução brasileira:	À Espera da Felicidade
Ano:	2002
País:	França/Mauritânia
Diretor:	Abderrahamane Sissako
Roteiro:	Abderrahamane Sissako
Fotografia:	Jacques Besse
Música:	Oumou Sangare
Edição:	Nadia Ben Rachid
Atores principais:	Khatra Ould Abder Kader, Maata Ould Mohamed Abeid, Mohamed Mahmoud Ould Mohamed, Nana Diakité
Gênero:	Drama
Duração do filme:	95 minutos

Um Exemplo de Criatividade

O filme Body and Soul é uma rara produção de 1925. Ele se tornou um marco não só por ser uma das primeiras produções negras do cinema americano, mas também por ser um dos mais perfeitos exemplos de como a criatividade e o pensamento lateral de ver as coisas muitas vezes resolvem problemas aparentemente insolúveis.

O diretor, Oscar Micheaux, havia investido praticamente todas as suas economias na produção de Body and Soul. A trama é sobre um fugitivo da prisão que se disfarça de pastor protestante; com a imagem de homem religioso, trai a confiança de uma proprietária de uma casa de jogos, abusa de sua filha e termina por levar uma à ruína e a outra à morte.

Todos os atores do filme são negros. Até um dos personagens coadjuvantes, que na história é um branco, foi interpretado por um ator negro com o rosto pintado de branco.

O único ator realmente branco faz o papel de um negociante inescrupuloso que vendia carne estragada, em uma forma um tanto elementar de mostrar até que ponto os negros eram explorados pelos brancos.

Os diálogos são apresentados na tela em uma espécie de dialeto usado pelos negros americanos e o filme, na época, foi distribuído somente em comunidades negras.

Quem já assistiu à versão de 1936 de Show Boat, de James Whale, vai identificar o ator que faz o papel principal – o cantor Paul

Robeson, que se tornaria mundialmente famoso interpretando Old Man River no musical que teve muito sucesso na Broadway e no cinema.

Quando o filme estava para ser lançado, a censura fez objeções incontornáveis a esse retrato *dark* e amoral de um religioso e ameaçou proibi-lo.

Micheaux entrou em desespero. Cheio de dívidas e não vendo possibilidade de recuperar o dinheiro que havia investido, deu um golpe de mestre. Em vez de tentar convencer os censores, cortar o seu filme ou reeditá-lo de uma forma que pudesse obter o aval da censura, Micheaux simplesmente trocou o final: a história de um criminoso frio e calculista travestido de um homem de Deus se transformou apenas em um pesadelo que a heroína estava tendo. A história, portanto, não existia e tudo não passava de um sonho mau. Com o despertar da mulher, o pastor aparece como um homem bom que vai ajudar a proprietária e casar com sua filha.

Sem argumentos, os censores não tiveram como manter a proibição a Body and Soul, o filme foi para as telas e hoje é um clássico do cinema.

Para nós, fica a reflexão de como a criatividade e a busca de soluções fora do escopo principal do problema podem ajudar em muitas situações críticas que enfrentamos no dia-a-dia das organizações e de nossas vidas.

Temas:

Adaptação a novas formas de ver, criatividade, inovação, mudança de foco, preconceito, racismo, raciocínio lateral.

Sugestões para o Debate:

O debate sobre o filme deve ser fundamentalmente sobre a adoção de práticas criativas na solução de problemas simples ou complexos.

O diretor/produtor do filme busca resolver a difícil situação em que se encontra fora do escopo principal do problema, através de um raciocínio lateral e vendo a questão sob um prisma completamente diferente do que a primeira análise poderia indicar.

Sugerimos deixar o debate em aberto e conduzi-lo de acordo com o rumo dado pelos participantes.

Ficha Técnica:

Título original:	Body and Soul
Título da tradução brasileira:	Body and Soul
Ano:	1925
País:	EUA
Diretor:	Oscar Micheaux
Roteiro e edição:	Oscar Micheaux
Música:	Honk, Wail and Moan
Atores principais:	Paul Robeson, Mercedes Gilbert, Julia Theresa Russell
Gênero:	Drama
Duração do filme:	60 minutos

Cidadão Kane

Um marco na História do Cinema

Charles Foster Kane é o dono de um imenso império de comunicação nos EUA. O filme começa com ele morrendo na sua imensa mansão de Xanadu e pronunciando sua última palavra: "Rosebud".

Um repórter começa a entrevistar os amigos de Kane para descobrir o significado dessa misteriosa palavra derradeira de um homem tão poderoso.

Inspirado na vida do magnata Randolph Hearst, que chegou a processar Welles e tentar proibir o filme, Cidadão Kane (Citizen Kane) é uma visão intrigante do poder que a mídia possui de manipular a opinião pública e da ambigüidade do caráter do ser humano. É um estudo do comportamento de um homem que tem uma imensa fortuna, poder, fama e, mesmo assim, não é feliz.

Revolucionário, o filme trouxe efeitos de profundidade de campo, de montagem e várias seqüências em *flashback*, que nenhum outro havia usado com tanta propriedade e habilidade até então. Cidadão Kane é um marco na história do cinema. Obra magistral, joga com a superposição das ações, lembranças, lugares e com os momentos isolados de uma vida. Não é à toa que aparece sempre encabeçando listas dos melhores filmes de todos os tempos.

O personagem principal, no dizer de muitos analistas, é uma síntese não só de Hearst, mas também de várias celebridades da época no mundo das finanças e das multinacionais (McCormick, das máquinas agrícolas; Bazil Zaharoff, do comércio de armas;

Jules Brulator, da Kodak; Howard Hughes, da indústria aeronáutica e de equipamentos para companhias de petróleo).

O diretor Orson Welles e o roteirista Herman Mankiewicz mostram na sua história que os verdadeiros valores humanos não podem ser comprados. Mas, acima de tudo, é um estudo sobre o exercício do poder, seu alcance e suas limitações.

Temas:

Empreendedorismo, ética, poder da mídia, manipulação da opinião pública, inovação, valores.

Sugestões para o Debate:

Obra revolucionária e um dos filmes mais famosos de todos os tempos, Cidadão Kane pode ser debatido sob o foco da contribuição que determinados trabalhos podem trazer para o desenvolvimento do campo de atuação onde estão inseridos.

Assim, uma das sugestões seria convidar um crítico de cinema e debater temas ligados à criatividade e à inovação.

Além desse aspecto, porém, o filme pode ser debatido segundo os temas que enfoca. Nesse caso, as sugestões seriam:

1. Pedir a três participantes para conduzirem um debate em torno das seguintes questões:

   - a personalidade do personagem, que é inspirado no magnata da imprensa americana Randolph Hearst;
   - o poder da mídia na manipulação da opinião pública;
   - o direito ou não da privacidade das pessoas, principalmente aquelas investidas em funções públicas.

2. As lições que o filme traz para nossas vidas como pessoas e profissionais.

Ficha Técnica:

Título original: Citizen Kane
Título da tradução brasileira: Cidadão Kane
Ano: 1941

País: EUA
Diretor: Orson Welles
Roteiro: Herman J. Mankiewicz
e Orson Welles
Fotografia: Gregg Toland
Música: Bernard Hermann
Edição: Robert Wise
Atores principais: Joseph Cotten, Orson Welles,
Dorothy Comingore,
Agnes Moorehead,
Ray Collins
Gênero: Drama
Duração do filme: 119 minutos

2001, a Utopia Antecipada

Em 2001, quando saímos do século XX, o mundo já era outro, totalmente diferente daquele longínquo 1901, quando ele começou. Mas muito do que está acontecendo, nos tempos que correm, foi previsto por um dos mais famosos futurologistas da nossa era, o ficcionista inglês Arthur Clarke.

Em suas fantásticas previsões – feitas há mais de 50 anos –, Clarke, além de antecipar a era espacial, previu que, antes do fim do século, o mundo estaria todo ligado por uma rede. Na época, o computador pessoal era apenas uma possibilidade teórica, e a Internet não existia nem nos sonhos mais delirantes de qualquer um de nós.

Nos anos 1960, um de seus contos, "The Sentinel", foi adaptado livremente para o cinema pelo diretor Stanley Kubrick, resultando no filme 2001, uma Odisséia no Espaço (2001: A Space Odyssey).

Durante as filmagens, Kubrick revelou, em uma entrevista ao The New Yorker, uma de suas motivações para ter realizado o filme: "Sempre achei que o espaço, para a nossa geração, podia ser comparado ao que significou, para os gregos, as vastas extensões do mar. Por isso, quis tanto fazer um filme sobre o mundo espacial".

Lançado em abril de 1968 em Nova York, sua história é simples e a narrativa, surpreendentemente linear, apesar da complexidade e de um certo hermetismo da trama. Uma expedição é enviada a Júpiter para investigar um misterioso monólito negro que parecia emitir sinais vindos do espaço. Durante a viagem, o computador

Hal tenta assumir o controle da nave e aos poucos vai eliminando quase toda a tripulação.

Para contar a história, Kubrick dividiu o roteiro em quatro partes: Alvorada da Humanidade, O Ano 2001, A Missão Júpiter e Além do Infinito. A humanidade passa por três fases: a do homem-macaco, a do homem comum e a do super-homem (simbolizado pelo feto cósmico do fim do filme).

O filme tem um dos cortes mais impressionantes do cinema e talvez a mais perfeita transposição de tempo vista na tela: a cena em que um osso de um animal é jogado para o ar por um homem-macaco e se transforma em uma espaçonave que flutua lentamente no cosmos ao som de Danúbio Azul.

Para nós, profissionais de Recursos Humanos, o filme tem um interesse muito especial, principalmente neste novo século. Porque, tanto para Kubrick quanto para Clarke, a mensagem de 2001 não se esgota na saga espacial. Fica claro que, para eles, a permanente evolução do ser humano é o tema essencial.

O filme, além de explorar com profundidade a questão das forças que controlam a evolução da humanidade, também aborda uma questão perturbadora: a de que o desenvolvimento tecnológico não é acompanhado no mesmo passo pelo avanço nas relações entre as pessoas.

O escritor Arthur Clarke continuou pautando sua obra por previsões futuristas: 3001, a Odisséia Final expressa uma forma quase geométrica de visualizar o futuro, e The Light of Other Eyes traz muitas tramas passadas no ano de 2041.

Kubrick morreu em março de 1999, logo após terminar o polêmico De Olhos bem Fechados. Filmava pouco, em toda sua carreira fez apenas 13 filmes. Mas "2001" certamente é o seu filme mais famoso e uma das obras-primas do cinema: muitos anos depois de lançado, ainda tem muito de mistério e várias cenas permanecem tão enigmáticas quanto a própria essência da humanidade.

Temas:
Futurismo, desenvolvimento humano, luta pelo poder, tecnologia.

Sugestões para o Debate:

1. O filme é um dos maiores clássicos da ficção científica e os estudos de Arthur Clarke – autor de The Sentinel, o livro em que a história se baseia – anteciparam uma série de fatos que viriam a acontecer no futuro como a Internet, a robótica e o mundo espacial.
   Como o tema é riquíssimo e permite muitas leituras, uma primeira idéia seria deixar o debate livre, de forma a captar as percepções dos participantes sobre os assuntos que aborda.

2. Uma outra sugestão seria dividir os participantes em grupos e propor um trabalho em torno das seguintes questões:

   - a criatividade dos realizadores na cena em que o osso de um animal é jogado para o ar por um homem-macaco e se transforma em uma espaçonave, constituindo-se na mais perfeita transposição de tempo vista na tela em toda a história do cinema;
   - em uma analogia com o mundo corporativo, qual deve ser o papel das organizações entre o avanço da tecnologia e o desenvolvimento dos seres humanos;
   - relato de fatos relacionados com o impacto da tecnologia em suas vidas pessoais e profissionais.

3. Em uma análise futurista e descompromissada, propor ao grupo um exercício de idéias criativas sobre como a tecnologia poderá interferir nos modelos atuais e em novos perfis, já que robôs, por exemplo, não recebem salários, não fazem exigências, não se cansam e nem se rebelam, mas, por outro lado, também não têm sonhos nem aspirações.

Ficha Técnica:

Título original:	2001: A Space Odyssey
Título da tradução brasileira:	2001, uma Odisséia no Espaço
Ano:	1968
País:	EUA
Diretor:	Stanley Kubrick
Roteiro:	Stanley Kubrick e Arthur C. Clarke (livro)

Fotografia: Geoffrey Unsworth Edição: Ray Lovejoy
Atores principais: Keir Dullea, Gary Lockwood, William Sylvester, Daniel Richter
Gênero: Ficção Científica
Duração do filme: 139/156 minutos (depende da versão)

A Imprevisibilidade do ser Humano

Premiado em vários festivais internacionais – Cannes, Karlovy Vary, Havana, entre outros –, Eu Tu Eles, de Andrucha Waddington, fez muito sucesso também com o público em todos os lugares onde foi mostrado. Além de as exibições terem sido sempre antecedidas de comentários e elogios da crítica e da mídia, havia igualmente a curiosidade das pessoas para ver nas telas a incrível história de Marlene Sabóia, que conseguiu a proeza de viver no masculino sertão nordestino de maneira pacífica com três maridos sob o mesmo teto.

Parece realmente uma fábula, e poderia estar no reino do imaginário não tivesse acontecido de fato no interior do Ceará, em Morada Nova, a 163km de Fortaleza.

Eu Tu Eles começa com a personagem (Regina Casé, ótima no papel), com um filho na barriga, tomando a estrada sem destino certo. Três anos depois volta e se casa com Osias (Lima Duarte), bem mais velho do que ela. Quando o sensível e infantil Zezinho, primo de Osias (Stênio Garcia) vem morar na casa deles, ela se envolve com ele até nascer um menino de olhos azuis, como os de Zezinho. Em um forró, ela conhece Ciro, o mais jovem – e logo espera mais um filho e tem mais um marido dentro de casa.

No filme, ela administra a situação de forma quase intuitiva e os homens estabelecem entre eles uma ligação de respeito e uma espécie de cumplicidade. Andrucha acertou em cheio ao escolher para Eu Tu Eles um final aberto: o espectador escolhe mentalmente o que vai acontecer no desenrolar da trama.

Estudiosos do fato já qualificaram os três maridos como o pai, a criança e o adulto. Da mesma forma, nos vários debates realizados após as sessões pelo mundo afora, discussões já colocaram em questão o que realmente estaria sendo debatido – a moral ou a moral de cada um?

Por sua vez, a personagem real de toda essa história afirma que nunca teve problemas: "Nem com o padre da cidade. Sou dona da minha vida, não devo nada a ninguém", diz Marlene no seu jeito prático de sertaneja que tem de (sobre)viver, criar os filhos, ter segurança e abrir uma brecha para tentar ser feliz, apesar de sua vida tão dura. Para ela, tudo isso é uma história de amor.

Stênio Garcia, o Zezinho, vive, certamente, um dos melhores papéis de sua carreira. Ator experiente e que conhece como ninguém o seu ofício, Garcia tem ajudado as pessoas a desenvolver seu potencial, dando aulas para atores e realizando palestras para executivos. Para ele, essa história toda pode ser definida como "a união de um grupo de pessoas que se gostam".

Temas:

Diferenças individuais, complexidade do ser humano, padrões culturais, traços de cultura, valores.

Sugestões para o Debate:

1. Pedir para três participantes conduzirem um debate, cada um deles abordando algumas das questões a seguir:

    - uma análise sobre a incrível história real de Marlene Sabóia e o fato de ela ter acontecido em uma das regiões mais conservadoras do país;
    - as reações de Zezinho, Ciro e, principalmente, Osias diante da forma como os fatos transcorrem;
    - comentários sobre alguns estudos realizados com o tema, que qualificaram os três maridos como o pai, a criança e o adulto.

2. Propor um debate em torno das diferenças individuais e a complexidade do ser humano.
3. Em uma transposição para o contexto organizacional, propor um debate em torno das transformações de conceitos, costumes e valores, seus efeitos no relacionamento entre os seres humanos e qual seria o papel da área de gestão com pessoas nesse contexto.
4. Propor um debate sobre a relatividade dos padrões, dos traços e dos complexos culturais.

Ficha Técnica:

Título original:	Eu Tu Eles
Ano:	2000
País:	Brasil
Diretor:	Andrucha Waddington
Roteiro:	Elena Soarez
Fotografia:	Breno Silveira
Música:	Gilberto Gil
Edição:	Vicente Kubrusly
Atores principais:	Regina Casé, Lima Duarte, Stênio Garcia, Luiz Carlos Vasconcelos
Gênero:	Drama
Duração do filme:	104 minutos

Um Tesouro Escondido

*Cuidado com o talento que
podemos estar desprezando*

Essa é uma história de bastidores da série Harry Potter, cujo lançamento, desde o primeiro filme – Harry Potter e a Pedra Filosofal, de Chris Columbus –, foi precedido de uma pesada campanha de marketing e vem rendendo milhões de dólares aos seus produtores.

A adaptação para as telas é baseada na obra da escocesa Joanne K. Rowling e a história de bastidores começa, justamente, com o nascimento do primeiro livro da série.

Joanne, uma mãe solteira, vivia do seguro-desemprego em Edimburgo. Em uma vida de muitas dificuldades, seu apartamento nem calefação tinha. Quando o frio apertava, Joanne entrava em uma lanchonete com o bebê e lá ficava horas meditando e dando tratos à ficção. Assim nasceu a história de Harry Potter e a Pedra Filosofal.

Com a ajuda de uma pequena fundação, Rowling saiu atrás de alguém que se interessasse por editar a obra. Nove editoras rejeitaram os manuscritos do livro, que acabou sendo aceito pela Bloomsbury e se transformando em um dos maiores fenômenos editoriais de todos os tempos.

De imediato, as pessoas se apaixonaram por Harry, um garoto de 11 anos, orfão, que perdeu os pais ainda bebê e foi criado pelos tios; estes têm um filho mimado e perverso – Duda – que vive maltratando Harry. Enquanto Harry dorme em um armário debaixo de uma escada, Duda tem dois quartos, um deles só para os seus brinquedos. Aí entram em cena os bruxos que, entre outras façanhas, vão forçar os pais de Duda a dar o segundo quarto para Harry.

As aventuras de Harry com os bruxos se transformaram em um sucesso tão imediato que, durante meses, o livro monopolizou os primeiros postos da lista de *best-sellers* do New York Times. Potter se tornou o mago mais amado do mundo.

Nem precisava tanto para que os editores se dessem conta de que tinham nas mãos um enorme filão, e a idéia de dar continuidade à história foi inevitável. A obra se transformou em uma série com previsão de sete volumes que correspondem a cada ano que Harry Potter passa na escola dos bruxos.

Os primeiros quatro livros venderam cerca de 200 milhões de cópias em 55 idiomas e 200 países. Fica difícil prever até onde irá a carreira de Potter, quantos ele deixará milionários, além, é claro, da própria Joanne, que já é a segunda pessoa mais rica da Inglaterra.

Mas, voltando ao início dessa história – um misto de Cinderela com Gata Borralheira –, o que deve ter acontecido para que nove editoras tenham rejeitado os preciosos manuscritos de Joanne? Difícil saber agora o que passou pela cabeça daquelas pessoas que avaliaram, disseram não e, certamente, agora amargam um arrependimento sem retorno.

Considerando que as nossas técnicas tradicionais de descobrir talentos já estão acrescidas de tantas que passam por grafologia, intuição, *feeling* e outras, a história de Joanne nos leva a refletir que cuidados tomar para não descartarmos aquele talento escondido, que, muitas vezes, nos chega sem grandes pompas e circunstâncias.

Temas:

Descoberta de talentos, identificação de potencial, idéias preconcebidas.

Sugestões para o Debate:

O filme, conforme proposto neste capítulo, deve ser utilizado como pano de fundo para o desenvolvimento de determinado tema, no caso a não percepção de talentos e a identificação e o aproveitamento pleno do potencial das pessoas.

1. Assim, a primeira sugestão seria propor a condução de um debate em torno das seguintes questões:

    - a falha ou a adoção de uma visão equivocada das nove editoras que recusaram a edição do primeiro livro de Joanne Rowling;
    - os mecanismos com os quais as empresas podem contar para descobrir, em um processo seletivo, um talento excepcional que porventura se candidate a trabalhar em seus quadros;
    - o que fazer para que grandes talentos não sejam sufocados ou deixem de ser aproveitados na totalidade do seu potencial nas organizações do mundo de hoje.

2. Outra idéia seria pedir aos participantes que narrem experiências – vivenciadas ou não – sobre o assunto em sua vida profissional.

Ficha Técnica:

Título original:	Harry Potter and the Sorcerer's Stone
Título da tradução brasileira:	Harry Potter e a Pedra Filosofal
Ano:	2001
País:	EUA
Diretor:	Chris Columbus
Roteiro:	Steve Kloves
Fotografia:	John Seale
Edição:	Richard Francis-Bruce
Atores principais:	Daniel Radcliffe, Rupert Grint, Emma Watson, Maggie Smith, Richard Harris, Robbie Coltrane
Gênero:	Aventura/Fantasia
Duração do filme:	152 minutos

Aqueles Personagens Anônimos que Fazem a História

Nós que Aqui Estamos por Vós Esperamos, de Marcelo Masagão, é um filme muito original e inteligente, feito com poucos recursos. Quase inteiramente composto por materiais de arquivo, tem como um dos eixos temáticos o cotidiano de pessoas desconhecidas que, mesmo longe dos holofotes, em algum ou em alguns momentos de suas vidas, deram sua contribuição – às vezes, decisiva – para fazer a história do século que passou.

O filme percorre o século XX – principalmente, a sua primeira metade – e acompanha a vida de grandes e pequenos personagens, ou, como prefere Masagão, "as grandes vidas de pequenos personagens". Personagens que são, na maior parte das vezes, anônimos.

Lá está o engenheiro eletricista, que quase morreu de estresse horas antes de inaugurar a iluminação do Palácio das Luzes da Feira Internacional de Paris; o alfaiate, que costurou uma roupa especial e se jogou da Torre Eiffel em 1914 porque queria voar; o professor de letras, que barrou a fila de tanques na repressão ao movimento de estudantes da praça Celestial, em Pequim; e um camponês russo, encantado com a luz de uma lâmpada elétrica em 1931.

Em Nós que Aqui Estamos por Vós Esperamos, o diretor realiza um trabalho inovador: como o filme é uma colagem de material de arquivo, as imagens foram extraídas de um contexto para serem inseridas em outro. E, nessa nova montagem, elas, muitas vezes, adquiriram outro significado.

Como na cena em que ele mostra, durante a guerra, mulheres trabalhando na indústria bélica. E, depois, a mulher do pós-guerra, passando aspirador em uma casa de classe média. Na verdade, as cenas tiveram o objetivo de expressar o retrocesso às tarefas domésticas quando os homens regressaram dos campos de batalha e reassumiram seus postos nas fábricas.

E, assim, ele vai contando a história do século que passou. O exemplo da família Jones – que Masagão usou para demonstrar que as guerras, de uma forma ou de outra, sempre estiveram presentes – é ótimo: o bisavô morreu na Primeira Guerra Mundial; o avô morreu no desembarque na Normandia na Segunda Guerra Mundial; o pai morreu no Vietnã e o filho foi piloto de um caça que jogou bombas sobre o Iraque.

As grandes transformações que compõem o painel desse século são mostradas de várias formas: mulheres reduzindo o comprimento de saias anunciam a mudança dos costumes; a construção do Muro de Berlim, em 1961, e sua destruição, em 1989, resumem o contexto da Guerra Fria; o fracasso da missão Challenger – quando a nave americana explodiu sob o olhar incrédulo das pessoas que assistiam ao lançamento – fala muito mais do que simplesmente abordar a questão da conquista espacial; e os garimpeiros amontoados em Serra Pelada não precisaram de mais do que uma cena para resumir o drama de suas vidas.

O filme tem momentos de extrema beleza e poesia, seja através das imagens que mostra, seja através de muitos textos que lembram fatos, estatísticas ou sugerem pensamentos. Como exemplo, a cena de Artur Bispo do Rosário que, conforme diz o letreiro que acompanha a imagem, "fez uma roupa especial para se encontrar com Deus"; e uma outra que talvez seja uma das mais belas do filme: duas imagens alternadas mostram as pernas de Garrincha driblando (do filme Garrincha, Alegria do Povo, de Joaquim Pedro de Andrade) e as pernas de Fred Astaire dançando (em Núpcias Reais, de Stanley Donen). Um achado de Masagão para resumir, de forma brilhante, a arte do futebol e a arte da dança.

Mas o filme é todo um achado. Até para nos fazer refletir que, se nesse século viveram pessoas como Hitler, também viveram outras como Gandhi.

Temas:

Criatividade, futurismo, inovação, transformações, história.

Sugestões para o Debate:

O filme é um documentário composto, basicamente, por imagens de arquivo, que possibilitam a visão de inúmeras ações realizadas por pessoas desconhecidas que – mesmo longe dos holofotes, em algum ou em alguns momentos de suas vidas – deram contribuições fundamentais para a história do século que passou.

Sugerimos a divisão dos participantes em grupos para elaboração e apresentação posterior de um trabalho para todos em torno das seguintes questões:

1. A criatividade dos realizadores na colagem e na inserção do material de arquivo, permitindo que, muitas vezes, as imagens adquiram um novo significado, após serem transpostas para o novo contexto.
2. Em uma transposição para o mundo corporativo, uma análise sobre os personagens anônimos que fazem a história de uma organização e nem sempre recebem o reconhecimento devido.
3. A importância, nos dias de hoje, de um sistema de gestão do conhecimento que proporcione condições favoráveis para a inovação e o compartilhamento dos saberes existentes nas organizações, através da criação de locais reais ou virtuais que permitam a troca e o intercâmbio de informações e conhecimentos relevantes.
4. Pedir para os participantes destacarem duas cenas que mais os impressionaram e por quê.

Ficha técnica:

Título original: Nós que Aqui Estamos por Vós Esperamos
Ano: 1998

País: Brasil
Diretor: Marcelo Masagão
Roteiro e edição: Marcelo Masagão
Música: André Abujamra e Win Merten
Gênero: Documentário
Duração do filme: 73 minutos

Uma História que Começou na Grécia Adaptada Para os Dias de Hoje

O poder de adaptação do cinema traz o mito de Orfeu e Eurídice para o carnaval carioca

Adaptação é uma palavra-chave nos dias de hoje. A enorme velocidade das mudanças, a desfronteirização das culturas e o desenvolvimento de tecnologias fantásticas exigem de nós como profissionais e como pessoas, a cada dia, adoção de novos paradigmas, uma nova forma de ver as coisas e uma necessidade cada vez maior de nos adaptarmos a elas e aos novos tempos.

O cinema – que vem procurando retratar nesses seus cento e poucos anos de existência todas as situações e acontecimentos da vida – é um exemplo não só de como uma história pode ser vista de vários ângulos, mas também como ela pode ser mostrada em diversos momentos da existência humana.

Um desses exemplos está ligado a uma das nossas manifestações culturais mais importantes, o carnaval. Em uma versão moderna da tragédia de Orfeu e Eurídice, o diretor brasileiro Cacá Diegues adaptou para os dias de hoje uma história que começou na Grécia Antiga.

No filme de 1999, Orfeu é um poeta e o melhor e mais conhecido compositor dos morros do Rio de Janeiro. É, também, um líder comunitário, sambista da Escola Unidos da Carioca, onde sua mãe, Conceição, é um dos destaques.

A estrutura cenográfica que foi montada para as locações do filme reconstituiu tudo que uma favela verdadeira tem – de biroscas a vielas intrincadas –, porém com ícones e acessórios completamente adaptados aos dias de hoje. Além de antenas parabólicas espalhadas por todo o morro, Orfeu escreve seus poemas em um moderno laptop.

O diretor francês Marcel Camus já havia realizado uma transposição carnavalesca da peça para as telas. A grande diferença, no entanto, é que Camus se fixou mais na idealização da história, ao passo que o filme de Diegues busca uma adaptação real do mundo de hoje.

À primeira vista, parece difícil atravessar espaços e tempos tão distantes para transpor uma tragédia da mitologia grega para a realidade e a cultura dos morros e do carnaval carioca.

Certamente, no dia-a-dia de nossas vidas, muitas vezes terá acontecido algo semelhante com cada um de nós, quando temos de conviver com culturas organizacionais completamente diferentes da nossa, ou lidar quase que diariamente com a obsolescência tecnológica e com a rápida mudança de princípios e valores que há pouco tempo pareciam imutáveis.

A insegurança e o receio do futuro parecem ter se tornado endêmicos nas organizações e no cotidiano das pessoas, assustadas com um mundo cada vez menos simples, humanizado e previsível. Até a vida em família passou a ser uma incógnita para um grande número de pessoas – pais e filhos –, tornados estranhos em suas relações em doses cada dia maiores.

No entanto, isso será menos assustador se conseguirmos entender que o passado – mesmo quando sob forma de mitologia – também pode nos ensinar a olhar diferentemente os fatos e até permitir projetar um novo futuro.

Temas:

Adaptação aos novos tempos, novas formas de ver, criatividade, inovação.

Sugestões para o Debate:

1. O filme é uma versão moderna da tragédia de Orfeu e Eurídice, uma história da mitologia grega adaptada para os dias de hoje.

Em uma transposição para o contexto corporativo, propor um debate sobre a utilização ou o aproveitamento de idéias e projetos do passado, que foram adaptados para os dias de hoje, sem perda da essência que motivou sua criação original.

2. Com o filme em mente, pedir aos participantes exemplos de situações – vivenciadas ou não – em que tiveram que conviver com a rápida mudança de princípios e valores que há pouco tempo pareciam imutáveis.

3. Propor um debate sobre a questão do tempo e sua relação com a experiência do passado, a importância de viver o presente e a necessidade de se preparar para o futuro, principalmente em face do mundo atual.

Ficha Técnica:

Título original: Orfeu
Ano: 1999
País: Brasil
Diretor: Carlos Diegues
Roteiro: João Emanuel Carneiro e Vinicius de Moraes
Fotografia: Affonso Beato
Música: Caetano Veloso
Edição: Sérgio Mekler
Atores principais: Toni Garrido, Patrícia França, Murilo Benício, Zezé Motta, Milton Gonçalves
Gênero: Drama
Duração do filme: 110 minutos

A Bela História de Chihiro

Há histórias que a gente nunca esquece. Certamente, cada um de nós tem alguma para lembrar. Além das de nossas vidas, aquelas que povoaram nosso universo infantil: João e Maria, A Mula sem Cabeça, O Chapeuzinho Vermelho, as do Sítio do Picapau Amarelo, uma lista que não tem fim. Uma delas, bastante famosa – Alice no País das Maravilhas, de Lewis Carroll –, foi o tema inspirador para o belo A Viagem de Chihiro (Sen To Chihiro No Kamikakushi), de Hayao Miyazaki, considerado o mestre japonês do gênero de animação.

A Viagem de Chihiro, um sucesso de público mundial, narra ao longo de 125 minutos as aventuras de uma garotinha de 10 anos, Chihiro, que, cheia de medos, está mudando de cidade com seus pais. No caminho, o pai da menina se perde e acaba parando com o carro diante de um túnel no meio de uma floresta. Estranhos habitantes começam a surgir e Chihiro se defronta com seres que só existem no mundo da imaginação, como Yubaba, uma feiticeira que domina o local. Chihiro se vê, então, obrigada a mudar de nome, passa a se chamar Sen, e vai viver uma fantasia pessoal em um mundo mágico e sobrenatural.

Miyasaki utiliza em seus filmes códigos tradicionais de animação, inserindo neles um tratamento onírico através de seres com alta carga simbólica e, ao mesmo tempo, medos e receios que servem como metáforas para as ansiedades da juventude de hoje, seja ela de onde for.

Um grande diferencial nos seus filmes é a técnica utilizada. No lugar da aparência sintética de muitos filmes de animação, ele permanece fiel ao desenho em aquarela e utiliza efeitos 3D em computador apenas para obter volume nas figuras em algumas cenas.

O cineasta revela que o seu segredo para fazer um filme de animação que agrade a diversas culturas – e também a todas as idades – está, principalmente, na forma como se dirige ao público. Assim, procura levar suas histórias de forma honesta, sobretudo para as crianças, levantando problemas que elas entendem e que são também universais.

Chihiro passa por uma série de situações no filme que, na verdade, constituem não apenas uma aventura em tom de fábula, mas também o seu aprendizado da vida. Em diversas cenas, é mostrada a importância da fantasia e a possibilidade de dar asas à imaginação através da criação e da transformação.

E, por último, a moral da história que – como nas fábulas e parábolas – tem sempre um significado naquilo que está sendo mostrado.

Através da viagem, o filme narra a história de Chihiro e mostra que, como ela, cada um de nós tem uma história de vida para passar adiante e assim ajudar no aprimoramento de quem está ao lado.

Temas:

Aprendizagem, criatividade, transformação, fantasia, solidariedade.

Sugestões para o Debate:

1. Pedir para três participantes conduzirem um debate, cada um deles abordando uma das questões abaixo:

    - o papel da fantasia e da imaginação em nossas vidas;
    - a importância da transmissão, para as novas gerações, de valores e princípios através da história de vida e experiência das gerações passadas;
    - a moral da história proposta pelo viés fabular do filme.

2. Embora utilize códigos tradicionais das histórias japonesas, o diretor procurou adotar uma linguagem que fosse compreensível e encontrasse seu público em diversas culturas fora do Japão. Em uma transposição para o contexto empresarial em que a geopolítica, cada vez mais, precisa fazer parte da vida dos gestores, seria profícuo um debate sobre a necessidade de entender e conviver com padrões culturais diferenciados.

Ficha Técnica:

Título original: Sen To Chihiro No Kamikakushi
Título da tradução brasileira: A Viagem de Chihiro
Ano: 2001
País: Japão
Direção: Hayao Miyazaki
Roteiro: Hayao Miyazaki
Fotografia: Atsvshi Okui
Música: Joe Hisaishi e Yumi Kimura
Edição: Takeshi Seyama
Gênero: Animação
Duração do filme: 125 minutos

Villa-Lobos, uma Vida de Paixão

Filme em que a música é o principal personagem evidencia a importância do reconhecimento

Transpor para a tela a vida de um compositor genial como Heitor Villa-Lobos não deve ter sido uma tarefa fácil. Aliás, como a de qualquer compositor genial igual a ele. Os exemplos são muitos: A Canção Inesquecível, biografia de Cole Porter; Rapsódia Azul, a de George Gershwin; À Noite Sonhamos, a de Chopin; ou o nosso Tico-Tico no Fubá, que traça um retrato romanceado de Zequinha de Abreu. Bons filmes ou nem tanto, todos têm o mérito de homenagear a memória de pessoas especiais que parecem ter nascido para nos encantar com sua música universal.

De início, essa homenagem é o melhor do filme de Zelito Viana. Villa-Lobos é o nosso maior compositor erudito e ainda não teve, nem de longe, o reconhecimento que merece. Lá fora é mais homenageado e muito mais reconhecido do que aqui.

Mas se esse é o principal mérito do filme, certamente não é o único. A história de Villa-Lobos é, antes de tudo, emocionante e bela.

Villa-Lobos começa com uma homenagem, já no fim da vida do compositor, no Teatro Municipal. Na montagem inteligente de Eduardo Escorel, a história vai e volta no tempo, com Villa-Lobos lembrando os momentos mais marcantes de sua vida.

O grande compositor brasileiro – que nasceu em 1887 e morreu em 1959 – é interpretado na infância por André Ricardo, na juventude por Marcos Palmeira (filho do diretor) e na maturidade por Antonio Fagundes.

Ana Beatriz Nogueira tem uma interpretação perfeita – a melhor do filme – como Lucília, a primeira mulher de Villa. Letícia Spiller faz a Mindinha, companheira de Villa-Lobos nos seus últimos 23 anos de vida.

A equipe técnica é da maior qualidade. A fotografia de Walter Carvalho e a direção musical de Silvio Barbato são pontos altos. Os figurinos de Marília Carneiro reproduzem os da época com perfeição e bom gosto.

Boa parte da emoção do filme se deve às composições do mestre brasileiro – desde os seus inúmeros chorinhos, passando pelo Trenzinho Caipira e culminando com a maravilhosa Bachiana número 5 – tocada em uma cena de amor entre Villa e Mindinha.

Os pequenos defeitos – um certo descompasso entre os desempenhos do Villa jovem e o maduro e a incompreensível tentativa de ridicularização do personagem de Érico Veríssimo – não tiram o brilho desse filme comovente que a cinematografia brasileira estava devendo a um dos maiores nomes da nossa cultura.

Entre outras coisas, ele mostra a importância de resgatar talentos e nomes importantes da nossa história e da nossa cultura e do reconhecimento que devemos prestar a todos que se destacam na sua área de atuação. Além de atestar a importância da paixão nas grandes realizações do ser humano.

Temas:

Reconhecimento, motivação, resgate de talentos.

Sugestões para o Debate:

1. O principal mérito do filme é mostrar a importância do reconhecimento e/ou do resgate de pessoas que, através do ofício que exerceram, foram fundamentais para o desenvolvimento das artes, da ciência e da filosofia. Propor um debate em torno do tema.
2. Em uma transposição para o contexto das organizações, pedir aos participantes para citarem exemplos de situações em que pessoas não tiveram seu potencial utilizado de forma plena ou seus talentos reconhecidos em sua totalidade.

3. Além do enorme talento, Heitor Villa-Lobos – como sugere o título do filme – tinha paixão pelo que fazia. Pedir para o grupo fazer uma analogia do prazer e do ardor com que o compositor realizava seu ofício e a importância do trabalho que traz alegria, significado e auto-realização.

Ficha Técnica:

Título original:	Villa-Lobos, uma Vida de Paixão
Ano:	2000
País:	Brasil
Diretor:	Zelito Viana
Roteiro:	Joaquim Assis
Fotografia:	Walter Carvalho
Direção musical:	Silvio Barbato
Música:	Villa-Lobos
Edição:	Eduardo Escorel
Atores principais:	Antonio Fagundes, Marcos Palmeira, André Ricardo, Ana Beatriz Nogueira, Letícia Spiller, Othon Bastos
Gênero:	Drama
Duração do filme:	134 minutos

Capítulo 4

Curtas-metragens

Barbosa

Barbosa é um filme sobre o goleiro da seleção brasileira Moacir Barbosa, a partir do livro Anatomia de uma Derrota, de Paulo Perdigão.

O filme revive a derrota do Brasil no último jogo da Copa do Mundo de 1950 e tenta idealizar um final feliz, em uma forma poética e diferente de ver a perda.

Durante a trama, algumas perguntas são sugeridas. E se alguém conseguisse voltar ao passado para impedir o fatídico gol do uruguaio Ghiggia? Quem um dia não pensou em mudar algum fato em suas vidas? Alguém é capaz de mudar o rumo da história ou ela já está traçada? Como nossas vidas, o futebol é algo imprevisível, mas a forma como nos portamos pode influenciar no resultado final?

Além desses questionamentos, o filme propicia muitos outros temas para debate, como a falta de humildade em situações de competição, a arrogância dos que se julgam superiores, a assunção de responsabilidade e a culpa. Pode-se colocar a culpa em um só jogador quando dez outros e mais o técnico estavam com a responsabilidade coletiva de conseguir a vitória?

Quaisquer empreendimento, trabalho, missão ou projeto realizados em equipe dependem do envolvimento de todos e não apenas de uma pessoa. E os erros e acertos decorrem, igualmente, do resultado desse conjunto.

Temas:

Arrogância, destino, equipe, excesso de confiança, frustração, perda, redenção, responsabilidades divididas.

Sugestões para o Debate:

Propor ao grupo uma reflexão em torno das seguintes questões:

1. Análise do que pode ter ocorrido naquele jogo.
2. Análise do que ocorreu, 56 anos depois, com a derrota do Brasil na Copa de 2006.
3. As lições que o filme traz para nossas vidas pessoal e profissional.
4. Transpondo para a área empresarial, a questão de, muitas vezes, as vitórias serem divididas e as derrotas/erros serem atribuídos a alguém ou a algum grupo específico.
5. A posição e o papel dos líderes nas situações em que pessoas ou grupos são transformados em "bodes expiatórios".
6. Transpondo para o dia-a-dia das organizações, os perigos de, em uma negociação, subestimar o conhecimento, a competência e as habilidades da outra parte.
7. A falta de humildade e, em paralelo, os princípios preconizados pela liderança servidora.
8. O episódio narrado no filme e situações semelhantes ocorridas no ambiente organizacional.
9. Colocar em debate se os participantes gostariam, caso fosse possível, de mudar algum fato ou o final de uma experiência em suas vidas, tanto no âmbito pessoal quanto no profissional.
10. O fardo de precisar ser sempre vencedor.

Ficha Técnica:

Título original: Barbosa
Ano: 1988 – colorido
País: Brasil
Direção: Ana Luiza Azevedo e Jorge Furtado
Roteiro: Jorge Furtado, Ana Luiza Azevedo e Giba Assis Brasil

Edição: Giba Assis Brasil
Fotografia: Sérgio Amon
Música: Geraldo Flach
Direção de arte: Fiapo Barth
Elenco: Antônio Fagundes, Pedro Santos, Zé Vitor Castiel, Ariel Nehring
Produção: Nora Goulart e Gisele Hilt
Gênero: Documentário/Ficção
Duração do filme: 13 minutos

Negócio Fechado

Dois compadres se encontram para um negócio de compra e venda de gado. O interessado em comprar só encontra defeitos nos animais. O que está vendendo só tem elogios. Mas, além da qualidade do produto, eles também precisam acertar o preço.

Focando um episódio de filosofia caipira muito engraçado, o filme pode ser ponto de partida para um debate sobre os tipos de negociação existentes, as estratégias e táticas, a análise de forças e fraquezas, as posições, interesses envolvidos, as propostas e contrapropostas, barganhas, enfim, todo o processo que envolve o tema.

A história também permite uma análise sobre as posturas do comprador e do vendedor, o estilo de cada um e do relacionamento subliminar entre eles.

O filme foi o escolhido do público no Festival Internacional de Curtas de São Paulo e ganhou o prêmio de roteiro no Festival do Rio 2001.

Temas:
Ação subliminar, competitividade, comportamento, cultura, diferenças individuais, ética, habilidades, negociação, valores.

Sugestões para o Debate:
1. Pedir para o grupo analisar a negociação entre os personagens do filme quanto às suas posturas, às formas de comunicação, ao con-

trole emocional, ao poder de convencimento, às argumentações e às outras atitudes e habilidades na condução do processo.
2. Pedir para dois participantes darem um exemplo de cuidados que devem ser tomados com o lado ético de uma negociação.
3. Pedir para dois participantes narrarem experiências ligadas ao tema e, posteriormente, debaterem os resultados delas com o grupo.
4. Propor um debate em torno da importância da negociação no mundo atual, não apenas nas transações de compra e venda, mas também em outros contextos da área empresarial, profissional, e, especificamente, entre os seres humanos. Enfatizar a importância do tema como ponto-chave em várias situações, como seqüestros, guerras, relações internacionais e, num âmbito mais fechado, entre cônjuges, pais e filhos e na família de um modo geral.

Ficha Técnica:

Título original:	Negócio Fechado
Ano:	2001 – colorido
País:	Brasil
Direção:	Rodrigo Costa
Roteiro:	Rodrigo Costa
Edição:	Luiz Guimarães de Castro
Fotografia:	Hélio Silva
Música:	Zé Coco do Riachão
Direção de arte:	Emiliano Ribeiro
Som:	Nélio Costa
Produção:	Rodrigo Costa
Direção de produção:	Suzana Markus
Produção de elenco:	Denise Del Cueto
Elenco:	Camilo Bevilacqua, Fernando Alves Pinto, Reinaldo Gonzaga, Thais Garayp
Gênero:	Ficção
Duração do filme:	15 minutos

O Paradoxo do Passarinho

A história de um passarinho que, mesmo com as portas abertas, não consegue deixar a gaiola. É um filme simples e muito profundo que remete a situações da vida de muitas pessoas, tanto no aspecto profissional quanto no pessoal. Pessoas que foram "aprisionadas" durante muito tempo a padrões, costumes, estereótipos, condicionamentos e que, mesmo com a oportunidade das portas abertas, sentem-se intimidadas e não se libertam.

O filme também aborda brilhantemente o receio da mudança. O medo do desconhecido, que pode tornar as pessoas prisioneiras em "gaiolas", muitas vezes faz com que elas construam suas próprias algemas e resistam a mudar o curso dos fatos ou do destino. O temor enraizado em suas mentes reduz o seu mundo e as impede de ver além das grades, às vezes apenas imaginárias.

Temas:

Apego ao conhecido, condicionamentos, conformismo, ignorância, medo do desconhecido, paradigmas, modelos mentais, resistência a mudanças, rotina.

Sugestões para o Debate:

O filme é muito rico e permite várias leituras. Entre outras, sugerimos as seguintes:

1. Pedir para três participantes – fazendo uma transposição da situação do passarinho para o dia-a-dia das pessoas nas organizações – relatarem uma experiência semelhante, pessoal ou não. Debater as experiências com o grupo todo.
2. Dividir os participantes em grupos e propor um trabalho em torno da seguinte questão:
   Fazendo uma metáfora com o filme, quais os principais fatores que atuam em determinadas pessoas e as impedem de sair da "gaiola" e mudar ou decidir o caminho de suas vidas?
3. Propor um debate em torno de um tema fundamental que pode ser resumido em uma frase simples: a vida é feita de escolhas e cada pessoa é dona do seu próprio destino. Assim, somente ela deve decidir e escolher o rumo de sua vida.
4. Deixar em aberto e conduzir o debate de acordo com o direcionamento dado pelos participantes.

Ficha Técnica:

Título original:	O Paradoxo do Passarinho
Ano:	2004 – colorido
País:	Brasil
Direção:	Bruno Pinaud, Deko Shmidt
Roteiro:	Bruno Pinaud
Produtor:	Bruno Pinaud
Pós-produção:	Fred Vegele
Realização:	Fim de Semana Pictures
Gênero:	Documentário
Duração do filme:	1 minuto

Tem Boi no Trilho

A animação começa com uma boiada sendo levada pelo fazendeiro para cumprir o destino traçado para ela, o matadouro. Todos os bois seguem silenciosos, em fila, obedecendo, cegamente, às ordens do boiadeiro, sem esboçar qualquer reação, esquecidos talvez do ditado que diz: "O boi não sabe a força que tem".

Um pequeno bezerro resolve, então, mudar o rumo das coisas e tomar conta do seu destino. Desvia-se da boiada, o fazendeiro tenta pegá-lo e não consegue. Vem o trem, o bezerro fica no meio dos trilhos e enfrenta o trem, testando os seus limites e descobrindo, assim a força que tem. Liderados por ele e por seu exemplo, os outros bois vêem que também podem mudar as coisas.

Em uma metáfora e, de forma lúdica e encantadora, a história mostra que todos nós podemos ser senhores do nosso destino.

Transpondo para o dia-a-dia das organizações ou para nossa vida profissional ou pessoal, o filme permite um debate sobre o redirecionamento que podemos dar em nossas vidas e, se temos sonhos, sabermos que o principal responsável para atingi-los somos nós mesmos. Basta querer e lutar por eles com persistência, conhecimento e, principalmente, estarmos preparados para quando o momento chegar.

Como diz a canção da trilha, reproduzida a seguir, "do outro lado da cerca colorida tem estrelas e um céu que você não pode ver".

Tem Boi no Trilho
Maquinista cuidado, olha o boi
Ele está indo cumprir o seu destino
Do outro lado da cerca colorida
Tem estrelas e um céu que você não pode ver
Esse boi parece manso, maquinista
Mas no faro tem a pista da pastagem que secou
E vai em busca de um canto pra mugir
O fazendeiro, dono dele, está querendo que ele morra
Salva ele por favor
Mas no faro tem a pista da pastagem que secou
E vai em busca de um canto pra mugir

Temas:

Assédio moral, assunção de riscos, busca do objetivo, importância do exemplo, liderança, limites, modelos mentais, mudança, paradigmas, potencial, sonhos.

Sugestões para o Debate:

1. Pedir para três participantes – fazendo uma transposição da situação dos bois para o dia-a-dia das pessoas nas organizações – relatarem uma experiência, pessoal ou não, em que:

    - o medo, o desconhecimento dos próprios limites e os modelos mentais impediram o crescimento e a liberdade de escolher o rumo de suas trajetórias;
    - práticas ultrapassadas foram substituídas por projetos inovadores em função do surgimento de alguém ou de um grupo que liderou uma proposta de mudança;
    - a criação de uma visão compartilhada na empresa contribuiu para a mudança de paradigmas arraigados.

2. Propor um debate em torno da "liderança" do bezerro, baseada no exemplo e que influenciou o restante dos bois.

3. Debater os conceitos de John Kotter sobre como idéias carregadas de emoção podem mudar comportamentos antigos e reforçar novos.
4. Propor um debate com exemplos de empresas que ultrapassaram momentos difíceis graças a um novo modelo de gestão ou devido às competências essenciais de um líder.
5. Debater os mecanismos que as pessoas podem utilizar para se libertar de ambientes que não as fazem felizes.
6. Pedir ao grupo que discuta a questão da força do indivíduo x força do coletivo.
7. Debater o significado da letra da trilha sonora do filme.

Ficha Técnica:

Título original:	Tem Boi no Trilho
Ano:	1991 – colorido
País:	Brasil
Direção:	Marcos Magalhães
Roteiro:	Marcos Magalhães
Fotografia:	Marcos Magalhães, César Coelho, Aida Queirós
Trilha sonora:	Duba Elia, Rosa Barroso, Mônica Leme, Christianne Rothier, Carlos Malta
Gênero:	Animação
Duração do filme:	6 minutos

Xeque-mate – o Xadrez das Cores

Cida, uma mulher negra de 40 anos, vai trabalhar para Estela, uma viúva idosa, sem filhos e extremamente racista. A relação entre as duas é tensa, pois Estela maltrata Cida por ela ser negra. Cida atura tudo em silêncio, pois precisa do emprego, até que um dia decide que as coisas não vão continuar assim. Pensamentos como os descritos a seguir, passam pela cabeça de Cida, antes de constatar que competia a ela começar a mudar o rumo daquela situação e de sua vida.

"Naquela manhã com a Dona Estela, eu descobri que a gente não era tão diferente assim." "Foi aí que eu percebi que apesar de eu ter nascido peão, eu não precisava ser peão a vida toda." "Mais do que dinheiro, Dona Estela, eu preciso de dignidade." "No xadrez, como na vida da gente, as peças pretas valem tanto quanto as peças brancas."

O filme aborda o racismo, o preconceito e expõe como o pensamento ideológico sobre a questão tem raízes complexas e profundas. Ainda existem inúmeros exemplos que colocam os negros em situação de absoluta desigualdade. Entre outros, eles estão entre os empregados menos remunerados, suas oportunidades de mobilidade social são sempre menores e as coisas pioram mais ainda quando se trata de mulher, negra e pobre, como é o caso da personagem do filme.

Ao longo da história é mostrada, também, a importância do inconformismo e da busca pelo conhecimento e pela mudança.

Outro ponto interessante de debate se relaciona com o próprio xadrez, que possibilita o desenvolvimento do raciocínio e a capacidade de concentração. Por ser justamente um jogo de raciocínio e decisão, tem sido utilizado como metáfora para trabalhar as táticas e as estratégias de poder nas organizações, mas pode também ser aplicado na solução de muitos problemas práticos da vida.

Os conceitos, definições e possibilidades de lance do xadrez podem ser relacionados com situações presentes em ambientes empresariais e organizações de modo geral. Tanto que o jogo também tem sido usado como ferramenta pedagógica em projetos como o "Xadrez nas Escolas", uma iniciativa que, entre outros objetivos, visa a dar a crianças, desde cedo, elementos que lhes preparem para vencer as partidas da vida.

O filme é um dos últimos trabalhos da talentosa atriz Miriam Pires, que morreria meses depois de encerradas as filmagens.

Temas:

Assédio moral, diferenças individuais e sociais, dignidade, discriminação, ética, inconformismo, negociação, paradigmas, preconceito, racismo, valores, xadrez.

Sugestões para o Debate:

1. Pedir para cinco participantes:

    - relatarem situações de preconceito e discriminação, das quais tiveram conhecimento ou vivenciaram;
    - indicarem as três cenas relacionadas à viúva e três à empregada que mais os impressionaram;
    - interligarem essas cenas e sua importância para o desfecho do filme.

2. Pedir para o grupo debater como Cida descobriu que cabia a ela – e somente a ela – mudar o rumo das coisas.

3. Colocar em debate outras formas de racismo e preconceito na vida das pessoas e no contexto corporativo.

Ficha Técnica:

Título original:	Xeque-mate – o Xadrez das Cores
Ano:	2004 – colorido
País:	Brasil
Direção:	Marco Schiavon
Roteiro:	Marco Schiavon
Edição:	Fábio Gavião e Marco Schiavon
Fotografia:	Gilberto Otero
Música:	José Lourenço
Direção de arte:	Irene Black
Elenco:	Miriam Pires, Zezeh Barbosa, Anselmo Vasconcellos
Produção:	Cláudia Couto
Produção executiva:	Alexandre Moreira Leite
Gênero:	Ficção
Duração do filme:	22 minutos

Bibliografia

ADIZES, I. *Como resolver as crises de antigerência*. São Paulo: Pioneira, 1987.

ANDREW, J. D. *As principais teorias do cinema*. Rio de Janeiro: Zahar, 1989.

ARNHEIM, R. *A arte do cinema*. Lisboa: Edições 70, 1957.

AUMONT, J. et al. *A estética do filme*. Papirus, 1995.

BARKER, J. (vídeo). *A visão do futuro*. Siamar.

BARKER, J.(vídeo). *O negócio dos paradigmas*. Siamar.

BENNIS, W. *A invenção de uma vida*. São Paulo: Campus, 1999.

BENNIS, W. *Os gênios das organizações*. São Paulo: Campus, 1999.

BENNIS, W.; NANUS, B. *Líderes – estratégias para assumir a verdadeira liderança*. São Paulo: Harbra, 1988.

BERNARDET, J. C. *Cinema brasileiro: propostas para uma história*. Rio de Janeiro: Paz e Terra, 1979.

BERNARDET, J. C. *O que é cinema – coleção primeiros passos*. Brasília: Brasiliense, 1984.

BERNARDET, J. C.; GALVÃO, M. R. *Cinema*. Brasília: Brasiliense, 1983.

BOYETT, J.; BOYETT, J. (organizadores). *O guia dos gurus*. Rio de Janeiro: Campus.

CAPRA, F. *A teia da vida*. Cultrix, 1996.

CAPRA, F. *O ponto de mutação*. Cultrix, 1992.

CHAMPOUX, J. *Organizational behavior: integrating individuals, groups and processes*. West Publishing Company, 1996.

CHAMPOUX, J. *Organizational behavior: using film to visualize principles and practices*. South Western College Publishing, 2001.

CLARKE, A. C. *3001 – a odisséia final*. Rio de Janeiro: Nova Fronteira, 1997.

COLLINS, J.; PORRAS, J. – *Feitas para durar*. Rio de Janeiro: Rocco, 1995.

DAMÁSIO, A. *O mistério da consciência*. Rio de Janeiro: Companhia das Letras, 2000.

DRUKER, P. *Administrando em tempos de grandes mudanças*. São Paulo: Pioneira, 1995.

EISENSTEIN, S. *O sentido do filme*. Rio de Janeiro: Zahar, 1990.

ERNST, C.; MAXINE D. et al. *Sucess for the new global manager: how to work across distances, countries and cultures*.

GEUS, A. *A empresa viva*. São Paulo: Campus, 1999.

GIANETTI, E. *Felicidade*. Rio de Janeiro: Companhia das Letras, 2002.

HERSKOVITS, M. J. *Antropologia cultural – man and his works*. São Paulo: Mestre Jou, 1969.

HIRIGOYEN, M. F. *Assédio moral: a violência perversa no cotidiano*. Rio de Janeiro: Bertrand Brasil, 1999.

KOTTER, J. *Liderando mudanças*. Rio de Janeiro: Campus, 2000.

MANNHEIM, K.; MERTON, R. K.; Mills C. Wright. *Sociologia do conhecimento*. Rio de Janeiro: Zahar, 1967.

MARTIN, M. *A linguagem cinematográfica*. Brasília: Brasiliense, 1990.

MINTZBERG, H. et al. (1998) *Safari de estratégia*. São Paulo: Bookman, 1998.

MONACO, J. *How to read a film*. Oxford University Press, 1981.

MONTEIRO, D. M. R. *Espiritualidade e finitude – aspectos psicológicos*. Rio de Janeiro: Paulus.

MORIN, E. *A cabeça bem feita*. São Paulo: Bertrand Brasil, 2001.

MORIN, E. *Educação e complexidade: os sete saberes e outros ensaios*. São Paulo: Cortez, 2000.

NAISBITT, J. *Paradoxo global*. São Paulo: Campus, 1999.

NASCIMENTO, L. *Gestores de Pessoas – os impactos das transformações no mercado de trabalho*. Rio de Janeiro: Qualitymark, 2006.

OLIVEIRA, M. *Caos, emoção e cultura – teoria da complexidade e o fenômeno humano*. Ophicina de Arte & Prosa, 2000.

PETERS, T. *O círculo da inovação*. São Paulo: Harbra, 1998.

PINCHOT, G.; PINCHOT E. *The end of bureaucracy and the rise of the intelligent organization*. San Francisco, Califórnia: Benet-Kochler Publishers Inc., 1993.

SANTARÉM, R. G. *Precisa-se (de) ser humano*. Rio de Janeiro: Qualitymark, 2004.

SENGE, P. *A quinta disciplina*. São Paulo: Best Seller, 1990.

STAM, R. (1997) *Tropical multiculturalism – a comparative history of race in brazilian cinema & culture*. Duke University Press, 1997.

Entre em sintonia com o mundo

QualityPhone:
0800-0263311
Ligação gratuita

Qualitymark Editora
Rua Teixeira Júnior, 441 - São Cristóvão
20921-405 - Rio de Janeiro - RJ
Tel.: (21) 3295-9800
Fax: (21) 3295-9824
www.qualitymark.com.br
E-mail: quality@qualitymark.com.br

Dados Técnicos:

• Formato:	16 x 23 cm
• Mancha:	12 x 19 cm
• Fonte:	News702 BT
• Corpo:	10,5
• Entrelinha:	14
• Total de Páginas:	256
• 2ª Edição:	2008
• 1ª Reimpressão:	2015
• Impressão:	GrupoSmartPrinter